民航服务礼仪

主　编　李堂兵

西北工業大學出版社
西　安

【内容简介】 本书主要内容包括民航服务礼仪基础知识、民航服务形象礼仪、民航服务语言礼仪、民航岗位服务礼仪、民航服务接访礼仪和民航服务外事礼仪等内容。

本书可作为各类民航企事业单位或关人员的培训教材、参考用书。

图书在版编目（CIP）数据

民航服务礼仪 / 李堂兵主编. — 西安 : 西北工业大学出版社, 2020.12

ISBN 978-7-5612-7355-5

Ⅰ. ①民… Ⅱ. ①李… Ⅲ. ①民用航空-乘务人员-礼仪-教材 Ⅳ. ①F560.9

中国版本图书馆 CIP 数据核字(2020)第 198703 号

MIANHANG FUWU LIYI

民 航 服 务 礼 仪

责任编辑： 付高明　章雨琦

责任校对： 梁　卫

出版发行： 西北工业大学出版社

通信地址： 西安市友谊西路 127 号　　**邮编：** 710072

电　　话：（029）88493844　88491757

网　　址： www.nwpup.com

印 刷 者： 北京市兴怀印刷厂

开　　本： 787 mm×1 092 mm　1/16

印　　张： 8.25

字　　数： 175 千字

版　　次： 2020 年 12 月第 1 版　2020 年 12 月第 1 次印刷

定　　价： 48.90 元

前　言

民航业作为一个高端服务业，是一个技术含量高、服务要求高、管理规范的特殊行业，安全、快捷、舒适、和谐是它的最大特点。目前，我国的民航事业已进入高速发展阶段，民航服务人才需求急剧增长，竞争也日益激烈。只有提高中国民航的服务品质，才能够打造具有综合竞争实力的中国民航企业。因此，培养高素质的民航服务人员，提高民航服务水平，是民航业良性、稳定发展的关键所在。

本书在编写过程中，对部分民航企业进行了调研和咨询，并广泛听取一线教师的意见，力求编写一本符合行业特点、教师易教、学生易学、实用性强的教材。通过对本书的学习，学生可科学系统地掌握民航服务中的相关礼仪、礼节，为从事民航服务工作打下坚实的基础。

本书共分为六个项目，主要内容包括民航服务礼仪基础知识、民航服务形象礼仪、民航服务语言礼仪、民航岗位服务礼仪、民航服务接访礼仪和民航服务外事礼仪。本书具有以下特点：

注重理论与实践的紧密结合，突出民航服务礼仪的实用性与操作性。依据民航行业特点，本书为了突出重点，将一些与民航服务相关度不高的礼仪内容进行了删减，同时将民航主要服务岗位的要求、规范与礼仪知识相结合，突出民航服务礼仪的针对性。

充分运用现代教育理念与服务理念，最大化地突出民航服务礼仪规范的实用性，具有较强的可操作性，以期把学生逐渐培养成为具有一定的理论基础和良好的职业礼仪素养、适应市场经济需求、具备职业综合能力的应用型人才。

由于水平有限，书中疏漏与不妥之处在所难免，请广大读者批评指正。

编　者

目　　录

项目一　民航服务礼仪基础知识

【知识目标】

1. 了解礼仪的概念、特性、作用及原则；
2. 熟悉民航服务的内容和特点；
3. 掌握民航服务礼仪的内容及基本要求；
4. 认识学习民航服务礼仪的重要性。

【能力目标】

1. 掌握民航各岗位的服务礼仪规范；
2. 能端正服务态度，做好为旅客服务的心理准备、思想准备和行为准备。

【开篇案例】

自制"外套"解难题

某日，有位旅客带了一辆大型的名牌婴儿车。乘务长见状后马上告知旅客："对不起女士，这类婴儿车不能折叠，今日航班又是满客，客舱里实在没有空间可以安放，建议您托运。"旅客表示自己不是不愿意托运，是因为怕这个车被摔坏，所以不敢托运。"是的，将心比心，我也是做妈妈的，您这台婴儿车价格不菲，如果真被弄坏了，我也不舍得。"乘务长又耐心向旅客解释："但是，出于航班安全考虑，体积过大在客舱无法安放的行李是必须托运的。女士，我为您女儿的座驾做个外套吧？"乘务长说完便拿出了两个机上的大垃圾袋，协助旅客一起将婴儿车套起来，做适当防护，又要求地面工作人员贴上了"小心轻放"的提示条。旅客目睹了这一整套的“防护措施”，这才放下心来，同意托运。航班落地前，乘务长又让机长通知地面工作人员，到港后先将婴儿车拿到机舱口，最大限度地方便旅客。当这位旅客走出客舱，看到自己完好无损的婴儿车放在面前时，顿时露出了欣慰满意的笑容，连声道谢！

任务一　认识礼仪

【任务导入】

5个同学分成一组，每组成员分别讲述一段你周围的人继承中华民族讲究礼仪传统美德的故事，然后对这些故事里的礼仪进行总结归纳。

【知识准备】

礼仪是人类文明的产物，是一个国家、一个民族文明程度的重要体现。中国作为世界四大文明古国之一，礼仪文化历史悠久，素有“礼仪之邦”的美誉。诚如古人所说：“中国有礼仪之大，故称夏；有服章之美，故称华。”数千年来人们对文明的不懈追求，不仅形成了一套完整的礼仪思想和礼仪规范，而且，重礼仪、守礼法、讲礼信、遵礼义已经内化成为民众的一种自觉意识并贯穿于社会活动的各个方面，形成了丰富多彩的礼仪文化。

一、礼仪的概念

1. 礼仪的起源与发展

人类社会发展之初，出于对自然现象神秘不可知的敬畏，使得原始崇拜产生，如图腾崇拜、祖先崇拜等。为了表达这种崇拜之意，人类生活中就有了祭祀活动，并在祭祀活动的历史发展中逐渐完善相应的规范和制度，正式成为祭祀礼仪，这是人类最初的礼仪。如图 1-1 所示为甲骨文中的“礼”字，其含义是击鼓奏乐，奉献美玉美酒，敬拜祖先神灵。

图 1-1　甲骨文的“礼”字

随着人类对自然与社会各种关系认识的逐步深入，仅以祭祀天地鬼神祖先为礼，已经不能满足人类日益发展的精神需要和调节日益复杂的现实关系。于是，人们将事神祈福活动中的一系列行为，从内容和形式扩展到了各种人际交往活动，从最初的祭祀之礼扩展到社会各个领域的各种各样的礼仪。

从历史发展的角度看，中国古代礼仪的演变可分为以下四个阶段：

（1）礼仪的起源时期：夏朝（公元前 21 世纪）以前。礼仪起源于原始社会，在原始社会中、晚期（约旧石器时代），早期礼仪开始萌芽。整个原始社会是礼仪的萌芽时期，原始的政治礼仪、敬神礼仪、婚姻礼仪等在这个时期已经有了雏形，但还不具有阶段性。在炎黄、尧舜禹的时代，人们逐渐推出“三纲五常”的理论。

（2）礼仪的形成时期：夏、商、周三代（公元前 21 世纪—前 771 年）。在这个阶段，中国第一次形成了比较完整的国家礼仪与制度，提出了许多极为重要的礼仪概念，如“五礼”等，确立了崇古重礼的文化传统。古代的礼制典籍多修撰于这一时期，如周代的《周礼》《仪礼》《礼记》就是我国最早的礼仪学专著。

（3）礼仪的变革时期：春秋战国时期。在这一时期，学术界形成了百家争鸣的局面，以孔子、孟子、荀子为代表的儒家学者系统地阐述了礼的起源、本质和功能，第一次在理论上全面而深刻地论述了社会等级秩序划分及其意义。

（4）礼仪的强化时期：秦汉到清末（公元前 221 年一公元 1911 年）。在我国长达 2 000 多年的封建社会里，尽管在不同的朝代礼仪文化具有不同的社会政治、经济、文化特征，但却有一个共同点，就是一直为统治阶级所利用，礼仪是维护封建社会等级秩序的工具。这个时期的重要特点是尊君抑臣、尊夫抑妇、尊父抑子、尊神抑人。在漫长的历史演变过程中，它逐步成为妨碍人类个性自由发展、阻挠人类平等交往、禁锢人们思想的精神枷锁。

辛亥革命后，西方文化大量传入中国，传统的礼仪规范、制度逐渐被时代抛弃，科学、民主、自由、平等的观念日益深入人心，新的礼仪标准、价值观念得到推广和传播。改革开放以来，随着中国与世界的交往日益频繁，西方一些先进的礼仪、礼节陆续传入我国，和我国的传统礼仪一起融入社会生活的各个方面，构成了社会主义礼仪的基本框架。许多礼仪从内容到形式都在不断变化，现代礼仪的发展进入了全新的时期。

2．礼仪的内涵

礼仪是一个复合词语，它包括“礼”和“仪”两部分。“礼”是指人们在长期社会生活实践中约定俗称的行为规范。它的内容非常丰富，其含义的跨度和差异也很大。礼从原始社会敬神之仪式，到阶级社会泛指等级森严的社会道德规范，引申为今天的敬意通称，其本质是“诚”，其核心是互相尊重、互相关心、互相谦让。“仪”的概念在奴隶社会向封建社会转型的春秋时期才提到，意即仪式、仪文，到了封建社会仪又具有了容貌和外表、仪式和礼节、区分尊卑的准则和法度等含义。现今，仪即指人际交往中互相表示尊重、友好的具体形式。仪是礼的表现形式，礼和仪互为因果，没有形式就没有内容。

因此，礼仪是由一系列具体的、表现礼貌的礼节所构成的系统。礼仪的内涵有以下几点：

（1）礼仪是一种行为准则与规范。其表现为一定的章法，只有遵守这种习俗和规范，才能适应社会的发展。

（2）礼仪是社会关系中人们约定俗成、共同认可的行为规范。它首先表现为一些零散的、不成文的规矩、习惯，然后才逐渐上升为大家认可的，可以用语言、行为、文字进行准确描述和规定的行为准则，并成为人们有章可循、可以自觉学习和遵守的行为规范。

（3）礼仪是一种情感互动的过程。在礼仪的实施过程中，既有施礼者的控制行为，也有受礼者的反馈行为。即礼是施礼者与受礼者的尊重互换、情感互动的过程。

（4）礼仪的本质是尊重，目的是达到人际交往的和谐。礼仪体现为一个人对他人和社会的认知水平、尊重程度，是一个人学识、修养和价值的外在表现，讲究礼仪是社会文明的一个显著标志。

二、礼仪的特性

1．规范性

礼仪是一种行为规范，它对人们在交往时的语言、行为具有规范性和制约性。这种规范性所反映的实质是一种被社会广泛认同、普遍遵守的价值取向及行为准则。

礼仪的规范性在社会活动中告诉人们哪些是该做的，哪些是不该做的；哪些是对的，哪些是错的。例如，在正式商务场合应该正装出席，而不能选择运动装；握手时伸出右手是对的，伸出左手是不对的。礼仪赋予各种人际交往行为以一定的标准，如果违反了这个标准，就会给交往造成障碍。因此，要想建立和谐的社会关系，大家都必须遵守各项礼仪规范。

2．继承性

中国是具有“礼仪之邦”的泱泱大国，人类的礼仪文化自然也源远流长。在礼仪发展的长流中，礼仪文化的发展是一个扬弃的过程，一个“取其精华去其糟粕”的过程。那些反映劳动人民的精神风貌，代表劳动人民道德水平和气质修养的健康高尚的礼仪得到了肯定和发扬，而那些代表剥削阶级及封建迷信的繁文缛节得以根除。比如古代的磕头跪拜风早已被现代的握手敬礼所替代，至于古代朝见天子所需的三跪九叩，更是被抛进了历史的垃圾堆。而那些“温良恭俭让”“尊老爱幼”的行为规范则得到了弘扬。以往老人生日寿辰时，晚辈得行祝寿礼仪，置办寿辰酒宴以祝老人福寿无疆、万事如意，而如今的年轻人除了摆寿酒外，还可在电台点歌、电视台点节目以祝老人生日快乐、寿长福远。这种变迁不仅反映了人类礼仪的一脉相承，也反映了礼仪在继承过程中得到了丰富发展，更突出了人类对那些代表礼仪本质东西的倾心向往。可见，礼仪变化的继承性必将随着人类历史的不断进步而发展。

3．发展性

礼仪是社会发展的产物，是人们在各种社会交往中，为了相互尊重，在仪表、仪态、仪式、仪容、言谈举止等方面共同认可的规范和程序。一个时代的社会风貌、文化习俗、思想观念都会对其产生一定的影响，因此其具有时代的特点。但礼仪不是一成不变的，随着时代的发展、科学技术的进步，在传统的基础上，礼仪也在不断地推陈出新。

4．差异性

俗话说：“十里不同风，百里不同俗。”不同的地域、不同的民族、不同的国家都有着自己不同的发展历史，因此就形成了不同的礼仪文化。例如，关于“老”的理解，在我国，被称为“王老”“李老”等往往是上了年纪的德高望重的人，这种称呼意味着此人的成就得到大家的一致认可，是一种极高的敬意。不过当我们满怀敬意地用“老”去称呼一些西方人时，效果可能会适得其反。“老”对他们可能意味着魅力丧失、精力不济，所以西方老人不乐意被他人尊称为老人。我国疆土辽阔，是一个多民族大家庭，不同的民族，其风俗习惯、礼仪文化各有千秋。例如，见面问候致意的形式就大不一样，有脱帽点头致意的，有拥抱的，有双手合十的，有手抚胸口的，有口碰脸颊的，更多的还是握手致意。这些礼仪形式的差异均是由不同地方风俗文化决定的，具有约定俗成的影响力。

【礼仪故事】

一位英国老夫人到中国游览观光，对接待她的导游小姐评价颇高，认为她服务态度好，语言水平高，便夸奖导游小姐说：“你的英语讲得好极了！”导游小姐马上回应说：“谢谢您的夸奖，但我的英语讲得还不够好。”英国老夫人一听就生气了：“英语是我的母语，难道我不知道英语该怎么说？”

5．融合性

随着社会交往的扩大，世界各国、各民族的礼仪文化必然相互影响、相互渗透、相互适应、相互融合。例如，握手礼和拥抱礼，现在都已经发展成为国际惯用的见面礼节，为中西方人民所接受、认可。人际交往的扩大促进了礼仪文化的融合，同时礼仪文化的相互适应将进一步促进人际交往的和谐发展。

6．时代性

礼仪是社会发展的产物，必然具有浓厚的时代特征。不同时代的政治关系、经济发展、文化习俗、思想观念、社会活动都会对礼仪产生一定的影响。例如，古代把怀孕的妇女陶塑像作为生育女神来祭拜，这正是基于人类在蒙昧时期产生的强烈的对生殖崇拜的一种礼仪表现。时代的特色对文化冲击的烙印是巨大的，可以说，每个时代的文化正是时代变迁的缩影，而礼仪文化也如此。如辛亥革命的爆发，猛烈地撞击了封建社会的上层建筑及其意识形态，也影响到了人们日常生活的方方面面，于是就造就了一代新风尚。可见礼仪文化就是一个时代的写照。

三、礼仪的作用

礼仪是现代社会做人做事必备的基本功，是个人素质能力的体现，在西方社会，人们把礼仪当作是人生成功的第一堂课。所以礼仪不仅是一个人的思想道德水平、文化修养和交际能力的外在表现，也是一个国家社会文明程度、道德风尚和生活习惯的反映。礼仪的具体作用可以体现在以下几方面。

1．教化作用

礼仪具有教化作用，主要体现在两个方面：一是礼仪的尊重和约束作用，礼仪作为一种道德习俗，它对每个人都有教化作用；二是礼仪的形成、完备和凝固，会成为社会传统文化的重要组成部分，它以“传统”的力量不断地由老一辈传继给新一代，世代相继，世代相传。在社会发展进步中，礼仪的教化作用具有极为重大的意义。让国民接受礼仪教育，可以从整体上提高国民的综合素质。

2．沟通作用

在人际交往中，自觉地执行礼仪规范，可以使交往双方更好地沟通，在向对方表示尊重、敬意时，也能够获得对方的理解、信任和尊重。人们在交往时以礼相待，有助于加强人们之间互相尊重，建立友好合作的关系，缓和或者避免不必要的矛盾和冲突。热情的问候、友善的目光、亲切的微笑、文雅的谈吐、得体的举止等，不仅能唤起人们的沟通欲望，彼此建立起好感和信任，而且可以促成交流的成功和交流范围的扩大，进而有助于事业的发展。

3．约束作用

礼仪作为行为规范，对人们的社会行为具有很强的约束作用。礼仪一经制定和推行，久而久之，便形成社会的习俗和社会行为规范。任何一个生活在某种礼仪习俗和规范环境中的人，都自觉或不自觉地受到该礼仪的约束。

4．协调作用

在现代社会中，人们的关系错综复杂，有时会突然发生冲突，甚至会采取极端行为。礼仪有助于促使冲突各方保持冷静，缓解已经激化的矛盾，建立相互尊重、彼此信任、友好合作的关系，使人际关系更加和谐，社会秩序更加有序。

5．塑造作用

礼仪讲究和谐，重视内在美和外在美的统一。礼仪在行为美学方面指导着人们不断地充实和完善自我并潜移默化地熏陶着人们的心灵。人们的谈吐变得越来越文明，装饰打扮变得越来越富有个性，举止仪态越来越优雅，并符合大众的审美原则，体现出时代的特色和精神风貌。

四、礼仪的原则

正确学习、运用礼仪知识，必须要遵循礼仪的基本原则。礼仪作为一种约定俗成的规范，有其自身的一般规律，它们是保证礼仪活动顺利进行的必要条件。

1．平等原则

礼仪是在相互平等的基础上形成的。平等原则不仅是现代礼仪的基础，也是现代礼仪有别于以往礼仪的最主要原则。虽然在具体运用礼仪时，允许因人而异，根据不同的交往对象、不同的场合，采用不同的方法。但是在尊重交往对象这一点上，不论交往对象的种族、国籍、信

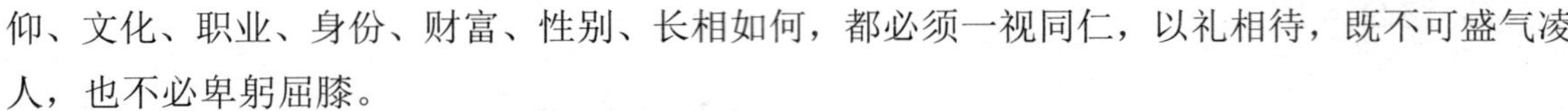

仰、文化、职业、身份、财富、性别、长相如何，都必须一视同仁，以礼相待，既不可盛气凌人，也不必卑躬屈膝。

2．尊重原则

孔子云：“礼者，敬人也”。人与人的交往必须以尊重作为基本出发点，才能获得良好的效果。尊重是礼仪的核心，是礼仪的情感基础。尊重原则包括两层含义：自尊和尊重他人。这要求在各种类型的人际交往活动中，以相互尊重为前提，既要尊重对方，也要赢得他人对自己的尊重。

【礼仪故事】

1962 年，周总理到西郊机场为西哈努克和夫人送行。亲王的飞机刚一起飞，我国参加欢送的人群便自行散开、准备返回，而周总理这时却依然笔直地站在原地未动，并要工作人员立即把那些离去的同志请回来。当天下午，周总理就把外交部礼宾司和国务院机关事务管理局的负责同志找去，要他们立即在《礼宾工作条例》上加上一条，即今后到机场为贵宾送行，须等到飞机起飞、绕场一周、双翼摆动三次表示谢意后，送行者方可离开。

3．宽容原则

“海纳百川，有容乃大”能设身处地为别人着想，能原谅别人的过失，是一种美德，也被作为现代人的一种礼仪素养。一方面，宽容原则要求人们在人际交往活动中多理解他人，体谅他人，不一味的责备他人。俗话说“金无足赤，人无完人”，有些人擅长于礼仪交往，有些人则不熟悉礼仪礼节，如果不是原则问题，那就要对他人多一些谅解，不要随便对他人进行过多的是非判断。另一方面，应虚心接受他人的批评意见，即使这些意见不完全正确，也应认真倾听，做到有则改之，无则加勉。

4．适度原则

人际交往要取得良好的效果，一定要把握好“度”。礼仪是非常讲究尺寸的，适度原则要求在与人交往时，必须要分清对象、场合、时间，合乎规范，把握分寸。俗话说：“礼多人不怪。”礼仪是为了表达对他人的尊重，但是，凡事过犹不及，人际交往要考虑时间、地点、环境等因素。如果施礼过度或不足，都可能造成反效果。例如，初次见面的握手时间应掌握在 3 秒左右，过长可能会让人觉得热情过度从而生厌，过短又可能会给人造成敷衍了事的感觉。礼仪礼节只有在适度的前提下，才能发挥出最好的效果。

5．自律原则

礼仪宛如一面镜子，对照着它，你可以发现自己的品质是真诚、高尚，还是丑陋、粗俗。能否真正领悟、运用礼仪，关键还要看人的自律能力。自律原则要求人们在人际交往中，首先应自觉、自愿地遵守礼仪规则，而不是一味要求他人去遵循施行，应时刻以礼仪去规范自己的一言一行，做到以诚待人，表里如一。

【学习评价】

序号	评价标准	分值	自评分	小组评分	教师评分
1	讲述一段讲究礼仪传统美德的故事	40 分			
2	理解礼仪的内涵	20 分			
3	知道礼仪的基本原则	20 分			
4	能够讲出礼仪的特性	20 分			
合计		100 分			

【技能拓展训练】

请同学们试着对自己做一番测试。满分为 100 分，若得分在 50 分以下，就得给自己敲响警钟了。

1．你探望、问候父母等长辈的频率如何？

A．经常　　B．一般

C．偶尔　　D．从不主动

2．你听从父母等长辈的意见或接受他们的开导吗？

A．经常　　B．一般

C．偶尔　　D．不听或嫌他们烦

3．你陪父母等长辈聊天吗？

A．经常　　B．一般

C．偶尔　　D．嫌他们啰唆

4．你记得父母的生日吗？

A．记得　　B．记得大概日子　　C．记得月份　　D．毫无印象

5．你路遇长辈会打招呼吗？

A．经常　　B．一般

C．偶尔　　D．装作没看见或不认识

6．你走进老师或长辈的房间前会先敲门吗？

A．经常　　B．一般

C．偶尔　　D．从不

7．逢年过节你给长辈发短信或邮件致贺吗？

A．经常　　B．一般

C．偶尔　　D．从不

8．你上课时认真听讲吗？

A．经常　　B．一般

C．偶尔　　D．随自己高兴

9．你对老师为你做的事情表示尊重和感激吗？

A．经常　　B．一般

C．偶尔　　D．从不，我行我素

10．你给长辈打电话时注意礼貌用语吗？

A．经常　　B．一般

C．偶尔　　D．从不注意

11．你在公共场所注意长幼有序吗？

A．经常　　B．一般

C．偶尔　　D．从不

12．你在公交车上给老弱病残让座吗？

A．经常　　B．一般

C．偶尔，看自己高兴　　D．从不，装作没看见

13．你与人相处时注意个人卫生吗？

A．经常　　B．一般

C．偶尔　　D．从不

14．你在公众场合大声喧哗、旁若无人吗？

A．从不　　B．偶尔（控制不住时）

C．一般　　D．经常

15．你答应为别人做事，做到“言必信，行必果”吗？

A 经常　　B．一般

C．偶尔　　D．老忘掉

16．你借别人的书籍、物件注意及时归还吗？

A．经常　　B．一般

C．偶尔　　　　D．老忘掉

17．你对人说粗话或贬损别人吗？

A．从不　　　　B．偶尔（控制不住时）

C．一般　　　　D．经常（因为别人对我不好）

18．你不介意别人批评你，并且闻过则改吗？

A．经常是　　　　B．一般

C．偶尔　　　　D．从不

19．你帮助别人，并从中享受快乐吗？

A．经常　　　　B．一般

C．偶尔　　　　D．从不

20．你看到别人失败或有缺点时会幸灾乐祸吗？

A．从不　　　　B．偶尔

C．一般　　　　D．经常

21．你尊重普通劳动者（如清洁工、门卫、快递员等）吗？

A．尊重　　　　B．比较尊重

C．表面上尊重，心底里瞧不起　　　　D．根本没感觉

22．你注意节约粮食、水电吗？

A．注意　　　　B．比较注意

C．随自己高兴　　　　D．从不在乎

23．碰到坏人做坏事，你挺身而出吗？

A．经常　　　　B．一般

C．偶尔能够　　　　D．尽可能躲开

24．你说话、做事注意别人的感受吗？

A．很注意　　　　B．比较注意

C．偶尔注意　　　　D．从不注意

25．你做错事情敢于承担责任吗？

A．一定会　　　　B．一般

C．偶尔会　　　　D．从不

评分方式：选 A、B、C、D 者，相应得 4、3、2、1 分。

任务二　认识民航服务礼仪

【任务导入】

5个同学分为一个小组，以小组为单位，走访一两位民航从业人员，了解他们对民航服务意识的认识及体会。

【知识准备】

民航服务礼仪是礼仪在民航服务过程中的具体运用，是民航服务人员对旅客表示尊重、敬意、友好的一系列行为规范或程序。民航服务礼仪通过塑造民航服务人员良好的外在形象进而塑造企业形象，是航空企业服务质量的重要组成部分，掌握民航服务礼仪是民航服务人员必须具备的基本素质。

一、民航服务

民航服务是由民航企业提供的，以满足旅客需要而从事的具体工作，实现旅客与民航双赢的活动过程。

1. 民航服务的内容

民航服务主要包括客舱服务和地面服务两部分，环节繁杂，内容琐碎。

（1）客票销售。通过售票柜台、电话、网络等各种方式，结合旅客需求，完成民航客票销售、座位管理和市场营销工作。

（2）值机服务。值机是民航旅客地面服务的一个重要环节，其主要内容包括查验旅客身份证件、安排座位、发放登机牌、收运行李、登机口旅客引导及旅客运输不正常情况的处理。

（3）安全检查。安全检查是保障民航安全飞行以及旅客人身和财产安全的重要性岗位，其主要内容包括证件检查、人身检查、物品检查以及飞机与隔离区监护。

（4）候机楼问询。候机楼问询服务是地面服务的一个岗位，其为旅客提供航班信息、机场交通信息以及候机楼内的设施使用等一系列问询服务。目前，问询服务主要采用现场问询和电话问询两种形式。

（5）引导服务。航空公司和机场通常在旅客出港和进港的整个流程中提供人员引导服务，以维持良好的现场秩序，疏导大量聚集的旅客，保证旅客乘机顺利。

（6）联检服务。联检服务是机场地勤服务的重要环节，它是由口岸相关机构，包括海关、边防、检验检疫部门对出入境行为实施的联合检查，检查对象包括进出境人员运输工具、货物和物品以及动植物等。

（7）客舱服务。客舱服务是民航旅客服务体验的核心环节，空乘人员的主要工作内容是确保旅客旅途中的安全和舒适，指导旅客使用机上安全设备以及在紧急情况下组织旅客逃离飞机等。

2. 民航服务的特点

民航服务相比其他服务业有着独特的特性。由于它涉及地面服务和空中服务，除了一般基本服务外，其生命和财产安全的服务，就显得尤为重要。因此，民航业服务具有以下特点：

（1）安全性。安全是民航服务的首要任务，也是旅客的首要需求。因此，民航一切服务的提供必须以安全为前提，在保障旅客生命、财产安全的基础上，尽力满足旅客的其他需求，任何与安全相违背的需求与做法都应坚决抵制。民航业作为一个特殊的运输行业，其对安全的要求更加的严格，航空运输涉及所需保障的生命、财产安全相对于其他运输行业更为巨大。同时，民航业是一个科技含量高、工作环节多的行业，因此就要求在民航服务中，将安全性放置于首要地位。

（2）时效性。“时间就是金钱，效率就是生命”在民航业服务上体现得尤为充分，强调的是服务必须在明确的时间段内完成。地面服务以不耽误旅客乘机为时间节点，空中服务必须是在旅客进入和离开机舱为时间节点。这种时效性要求民航服务人员必须严格依照时间要求为旅客提供所有的服务，提前或延迟都是无效或无意义的。因此，遵守时间，有强烈时间概念是民航服务人员必备的基本素质。另外，统计数据显示国内超过八成对民航服务质量的投诉都来源于航班晚点，通过对乘客进行调查发现，乘客选择飞机出行的最大考虑是因为飞机速度快，但航班晚点将飞机速度快这一重要的影响乘客选择的因素抵消了不少，这也势必会影响到乘客对航空快捷性的体验。因此，保证航班正点率对于提升航空公司的服务满意度具有不可替代的作用。随着我国航班量的快速增长，时效性服务在民航服务中变得更加重要。

3．舒适性

舒适性是指旅客对民航服务的整体感觉，其中既包括硬件层面的因素，如座位的舒适度、食物是否可口等，同时还包括软件因素，如航班正点率、服务是否周到等。随着我国物质文明的快速发展，旅客对舒适性的要求也越来越高。近年来，旅客对舒适性方面的投诉有所增加，这就要求民航服务中，对于舒适性服务也要做进一步地提升。

4．服务内容繁杂

民航产品是实现旅客或服务的空间地理位置的转移。这个转移的过程涉及一系列服务环节，最初的购票、机场地面交通、值机服务、安检服务、联检服务、空中服务、候机楼商业服务、到达服务，每一环节都包含着众多的服务内容。

5．个性化需求高

随着社会的进步，民航发展日渐大众化，民航服务不再是少数人才能够享受的奢侈品。随着民航旅客的构成越来越复杂，个体间的差异性将不断扩大，并且民航旅客对民航服务的期望值普遍较高，安全标准化的服务很难能够使旅客感到满意，因此，各航空公司根据旅客需求提供了相应的个性化服务。例如，黄金周期间，深圳航空在某旅游航线上，空乘不再穿着传统制服，而是换上了休闲活泼的运动装，以迎合旅客的出行体验，得到了旅客良好的评价。

6．民航服务的原则

（1）真诚服务。真诚是指真实诚恳，没有一点虚假。真诚还要求员工做人做事要摆正自己的位置，安分守己。真诚服务的原则是指民航服务人员要时刻为旅客的利益着想。

（2）感恩服务。感恩是对他人所给的帮助和恩惠表示感谢和感激的情意，感恩是服务人员最好的习惯，感恩是一种回馈。感恩服务原则是指民航服务人员要以一颗感恩的心去善待、呵护旅客，用心服务，用心沟通。

二、民航服务礼仪的内容

民航服务礼仪使民航服务有形化、规范化、系统化，是体现民航服务的具体过程和方式。它主要包括以下四个方面的内容。

1．民航服务人员的个人形象礼仪

民航服务人员的个人形象礼仪包括服饰、仪容仪表、仪态等。民航服务人员在工作岗位上的个人形象代表着所在企业的形象，服务人员在上岗前必须严格按照相关礼仪规范打造个人形象，在服务过程中应时刻注意个人形象的维护和保持。

2．民航服务人员的语言礼仪

语言是服务工作最重要的沟通方式。正确地使用服务语言可以达到事半功倍的效果。反之，不恰当的语言使用可能会造成好心办坏事的局面。因此，民航服务人员应掌握正确的服务语言规范，灵活运用语言沟通技巧。

3．民航服务人员的日常服务礼仪

在民航服务工作中，服务人员每天都要与不同国家、不同地区、不同民族的各类人群打交道，掌握相关的日常服务礼仪有助于消除沟通障碍、促进情感交流，达到良好的服务效果。民航日常服务工作中常用到的服务礼仪有见面礼仪、外事礼仪、接访礼仪等。

4．民航服务人员的岗位礼仪

民航服务涉及的岗位繁多，每个岗位工作职责和工作内容各不相同，面对的旅客需求及心理也有所差异，因此不同的岗位有其特有的礼仪规范。民航服务人员在熟悉日常服务礼仪的基础上，还应结合岗位特点，掌握特定的岗位礼仪，并在工作的过程中不断地探索和总结。

三、民航服务礼仪的基本要求

有形、规范、系统的服务礼仪，不仅可以树立民航服务人员的良好形象，而且可以传达出受客户欢迎的服务规范和服务技巧。民航服务礼仪的基本要求如下：

1．规范服务

民航岗位要求向服务对象提供标准、正确的服务。民航礼仪以服务人员的仪容规范、仪态规范、服饰规范、语言规范和岗位规范为基本内容。

2．优质服务

优质服务要求民航服务人员应时刻严格要求自己，不断提高自身的服务技能和服务质量，向旅客提供高标准、高品质的优质服务。

3．平等服务

平等服务要求民航服务人员对所有的旅客一视同仁，平等相待，工作中不可根据个人的喜恶偏好对旅客区别相待，厚此薄彼。

4．主动服务

主动服务要求民航服务人员以积极主动的服务态度投入工作，主动探询旅客需求，在旅客未提出之前，主动满足其需求。

5．热情服务

热情服务要求民航服务人员以热情的态度耐心接待服务对象，尤其当服务对象比较挑剔或有较多困难时，一定要保持耐心、冷静，不厌其烦地把工作做好。

6．适度服务

适度服务要求民航服务人员在提供热情服务的同时，要注意把握分寸，适度得体，保持适当的“距离”。

【知识链接】

新加坡航空公司一向以优质服务著称，其广告宣传，既不是宣扬公司的历史，也不是介绍公司的规模、设施，而是把机舱服务作为主题。广告中，身穿传统马来华丽服装的新加坡空乘人员笑容甜美，令人感觉真诚。这个广告，直到现在都被公认为是世界上最受欢迎和最耐看的广告，堪称广告典范，而新加坡空乘人员的形象也已成为一个国际品牌，饱受赞誉。对此，其区域经理林受兴曾说：“在招聘的时候，我们就尽量选择那些和善、亲切的人。因为我们觉得服务的意识是发自内心的，当然也可以通过培训训练出来，只是我们觉得内心有服务意识的员工，加上培训才会更好。”

四、民航服务人员应具备的礼仪修养

“安全、快捷、舒适”是航空运输的重要特点。运输服务质量的高低，直接反映着公司的组织及其经营管理水平，而这又将影响航空公司的形象及其经济效益。因此，航空服务人员有两个很重要的职责：一是保证客舱安全；二是为旅客提供优质服务。例如，为乘客供应飞机餐、帮助旅客提放行李；指导乘客使用机上应急设备及在紧急情况下组织乘客迅速撤离飞机等。航空服务人员应该全面掌握机上工作专业知识。举止优雅、气质高贵、充满爱心同样也是航空服务人员必备的素质。航空服务人员的服务对象包括国际、国内各种旅客，要求航空服务人员有一定英语或其他语种的听说能力，具备一定的社交礼仪知识与能力，了解空防安全、气象、医疗常识急救、客舱服务和民航旅客运输等知识；此外，航空服务人员还应该具有强烈的工作责任心，认真投入、吃苦耐劳是服务行业应有的品质。

航空服务人员要注重内外兼修，不仅要注意仪态形象的端庄优雅，更要注意内在素质的修炼和提高，包括树立正确的人生价值观、提升道德修养和文化知识的积累，拥有秀外慧中、大家风范的气质。

1. 以客为尊

客舱服务是民航运输服务的重要组成部分，为乘客提供优质的服务是航空服务人员的本职工作要求。树立以客为尊的服务理念是航空服务人员做好客舱服务的前提，也是航空服务人员必须具备的职业素养。航空服务人员应注意揣摩乘客的心理，不仅要做到服务于乘客开口前，而且要处处为乘客着想，提供亲切、体贴入微的服务。当无法满足乘客的需求时，仅仅说句“不”显得过于冷淡，没有礼貌与亲和力。在回答“不”字之前，应首先考虑怎样才能尽可能地满足乘客的需求或采取弥补措施。

2. 人格魅力

谁都愿意与健康向上、性格开朗、笑口常开的人交往，因为美丽的笑容能使人心情愉快。因此，航空服务人员不但要有端庄优雅的言行举止，还要有积极阳光的心态和强健而充满活力的体魄。航空服务人员在客舱近距离地为乘客服务时，端庄优雅、彬彬有礼的言行举止会给乘客带来愉悦的视觉感受和心理满足；航空服务人员在工作中会接触众多性格迥异的乘客，遇到各种想不到的突发事件，因此要有良好的心态和热情开朗、积极乐观的性格。

3. 丰富多样的业务知识

航空服务人员平时要多方面学习业务知识，从而增强业务能力。只有这样才能准确理解客人的想法，以积极的态度，迅速正确地处理问题。

4. 娴熟的专业技能

航空服务人员具备精湛娴熟的专业技能是做好航班安全服务工作的必要保证。同时还要注

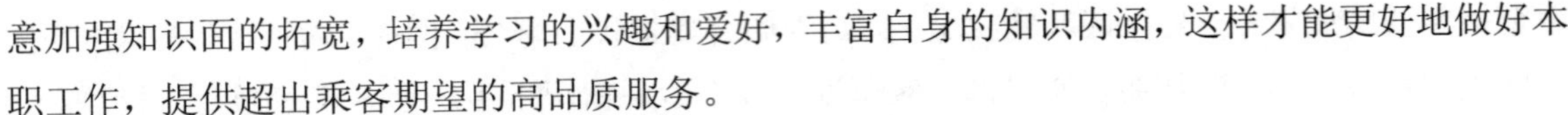

意加强知识面的拓宽，培养学习的兴趣和爱好，丰富自身的知识内涵，这样才能更好地做好本职工作，提供超出乘客期望的高品质服务。

5．见识广博

航空服务人员除了要掌握基本的业务知识和精湛的专业技能外，还应养成良好的学习习惯，加强其他知识的学习，不断提升自身的服务能力，成为一个见识广博的人。最好的学习方法是最大限度地读书，养成看书、看报纸、看电视新闻的习惯。

五、学习民航服务礼仪的重要性

作为一名民航服务人员，只有掌握民航服务礼仪，才能做好服务工作。民航服务人员是直接与旅客接触并为旅客提供服务的人，俗话说："你不会有第二次机会来留下良好的第一印象。"这第一印象对民航服务人员来说至关重要，所以要掌握民航服务礼仪。

学习民航服务礼仪对员工个人、航空公司、一个地区乃至国家的形象树立都有重要意义。

1．有助于提高民航服务人员的个人修养

一个人的礼仪修养可以反映出其学识、品格，是一个人人格的外在体现。通过礼仪学习，民航服务人员可以按照一定的礼仪规范要求，结合自身实际情况不断自我约束、自我锻炼和改造，做一个有教养、有礼貌、受欢迎的现代人。

2．有助于更好地体现对旅客的尊重和个人的职业素养

在人们的日常社会交际中，礼仪是一种社会道德规范，是人们日常交往的行为准则。而在职业范畴里，礼仪反映着从业人员的职业素养，是服务人员职业道德中"热情待客、宾客至上"意识的具体体现。在整个航空旅行过程中，旅客除了物质需要外，更重要的是精神需求的满足。"受到尊重"便是客人最基本的需求之一。而"体贴和尊重"就是礼的核心本质，"礼貌待客"也是服务接待工作的核心内容，所以学习礼节会使民航服务人员在态度、言行、举止等方面更好地尊重和体贴旅客，为旅客提供优质服务，这也是一个空乘的基本职业素养。

3．有助于提高航空公司的服务质量和服务水平

韩国航空公司中国地区部长姜圭元说："一家航空公司要吸引客人，不仅硬件要过关，而软件，即服务方面，也是一个系统很长的链条。从乘客预订机票登机开始，到航班上的餐食，再到乘客抵达目的地后的地面服务，环环相扣，任何一个方面都不能疏忽。"作为软件核心之

一的“礼貌待客”不仅体现一家航空公司的服务质量和服务水平，也影响企业的经济效益和社会效益，直接决定航空公司的生存与发展。

4．有助于展示一个地区，一个国家的形象

礼仪修养是社会道德文化的重要组成部分，它反映了一个社会和地区的进步和文明程度，是由其成员履行情况来体现的。民航服务人员作为展示自己国家文明形象的“大使”，代表国家的形象，展示当地的文明程度和精神风貌。特别是我们国家，素有“礼仪之邦”的美誉，民航企业更是对外展示的窗口，民航服务人员良好的礼仪修养会产生积极的宣传效果，能为其所在的国家、企业、城市树立良好形象，赢得荣誉。

【学习评价】

序号	评价标准	分值	自评分	小组评分	教师评分
1	了解民航服务的概念及特点	10分			
2	掌握民航服务礼仪的内容	20分			
3	了解民航服务礼仪的基本要求	20分			
4	具备航空服务人员的礼仪修养	30分			
5	知道学习航空服务礼仪的重要性	20分			
合计		100分			

【技能拓展训练】

以小组为单位，以民航旅客的需求为主题，设计调查问卷，到当地机场对旅客进行调研，总结民航旅客的常见需求并进行排序，分析旅客需求与旅客特征（年龄、职业、收入、性别等）之间的关系。

项目二　民航服务形象礼仪

【知识目标】

1. 熟悉皮肤保养和皮肤美化的内容；
2. 了解盘发的步骤和要求；
3. 熟悉民航服务人员职业着装的基本要求；
4. 了解民航服务人员职业着装的饰品佩戴规范；
5. 熟悉民航服务人员站姿、坐姿、蹲姿和行姿的基本要求。

【能力目标】

1. 具备民航服务专业人员的基本职业形象；
2. 能正确地盘发；
3. 能熟练地化职业妆，并养成严谨细致的职业妆容习惯；
4. 掌握职业套装的着装规范及服装配饰的佩戴规范；
5. 具备民航服务专业形象的基本职业仪态。

【开篇案例】

十二次微笑

飞机起飞前，一位乘客请求空乘给他倒一杯水吃药。空乘人员很有礼貌地说："先生，为了您的安全，请稍等片刻，等飞机进入平稳飞行后，我会立刻把水给您送过来。好吗？"

20 分钟后，飞机早已进入了平稳飞行状态。突然，乘客呼唤铃响了起来，空乘人员猛然意识到：糟了，由于太忙，忘记给那位乘客倒水了！空乘人员连忙来到客舱，小心翼翼地把水送到那位乘客面前，面带微笑地说：“先生，实在是对不起，由于我的疏忽，耽误了您吃药的时间，我感到非常抱歉。”这位乘客抬起左手，指着手表说道：“怎么回事？有你这样服务的吗？你看看，都过了多久了？”空乘人员手里端着水，心里感到很委屈。但是，无论她怎么解释，这位挑剔的乘客都不肯原谅她的疏忽。

接下来的飞行途中，为了弥补自己的过失，空乘人员每次去客舱给乘客服务时，都会特意走到那位乘客面前，面带微笑地询问他是否需要水，或者其他帮助。然而，那位乘客余怒未消，并不理会空乘人员。

临到目的地前，那位乘客要求空乘人员把留言本给他送过去。很显然，他要投诉这名空乘人员。此时，空乘人员心里虽然很委屈，但是仍然不失职业道德，显得非常有礼貌，而且面带微笑地说道：“先生，请允许我再次向您表示真诚的歉意，无论您提出什么意见，我都将欣然接受您的批评！”那位乘客脸色一紧，嘴巴张了张准备说什么，可是却没有开口。他接过留言本，在上面写了起来。

飞机安全降落。所有的乘客陆续离开后，空乘人员打开留言本，惊奇地发现，那位乘客在本子上写下的并不是投诉信，而是一封热情洋溢的表扬信。

是什么使得这位挑剔的乘客最终放弃了投诉呢？在信中，空乘人员读到这样一句话：“在整个过程中，你表现出的真诚的歉意，特别是你的十二次微笑，深深打动了我，使我最终决定将投诉信写成表扬信！你的服务质量很高。下次如果有机会，我还将乘坐你们的航班！”

任务一　民航服务人员仪容礼仪

【任务导入】

准备一间形体训练室，四面墙安装长度及地的镜子，能从头到脚地照到训练人员。2个同学分成一组进行以下练习：

（1）按照指导教师的示范进行盘发练习；

（2）同组同学互相为对方盘发，盘好后互评；

（3）按照化妆步骤进行妆容塑造，职业妆塑造完成后进行自评。

【知识准备】

仪容，通常是指人的外观、外貌。其中的重点则指人的容貌。在人际交往中，每个人的仪容都会引起交往对象的特别关注，并将影响到对方对自己的整体评价。因此，作为一名民航服务人员，必须形成自己的形象特征。

仪容礼仪的自然美主要体现在干净和整洁两方面：干净是指要勤洗澡，注意眼角、口角及鼻孔无异物，夏季要勤换衣服，清除身体异味；整洁即整齐洁净、清爽，要使仪容整洁，重在持之以恒，注意细节。

一、民航服务人员的发型礼仪

发型礼仪是民航服务人员个人形象礼仪中不可或缺的一个重要组成部分。通常情况下，人们观察一个人往往是“从头开始”的，位居于头顶之处的头发，自然不会被忽视，而且还经常会给他人留下十分深刻的印象。

发型礼仪一般包括头发的护理与修饰两部分：前者主要与头发的护理有关，后者则是重点关注头发的修饰问题。任何一名民航服务人员如果不打算使自己“头上失礼”的话，对护发与美发均应认真地学习和遵守。

1．头发护理

航空服务人员的头发必须经常地保持健康、柔顺、干净、清爽、卫生、整齐的状态。要真正达到以上要求，就必须在头发的洗涤、梳理、养护等几个方面加以注意。

首先，要重视头发的洗涤。保持头发干净、清洁的基本方法是，要对它按时进行认真洗涤。洗涤头发，一是为了去除灰垢，二是为了清除头屑，三是为了防止异味，四是为了使头发条理分明。此外，它还有助于保养头发。

其次，梳理头发时，民航服务人员应注意：一是选择适当的工具，选用专用的头梳、头刷等梳理工具，其主要标准是不会伤及头发、头皮。在外出上班时，民航服务人员最好随身携带一把发梳，以备不时之需。二是要掌握梳理的技巧。三是要避免公开的操作，梳理头发是一种私人性质的活动，不能“当众理云鬓”，在外人面前梳理自己的头发，使残发、发屑纷纷飘落的情景尽落他人的眼底，是极不雅观和礼貌的。

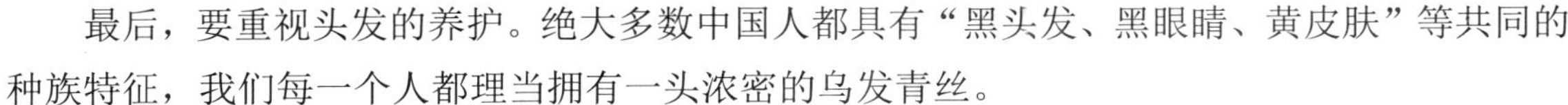

最后，要重视头发的养护。绝大多数中国人都具有“黑头发、黑眼睛、黄皮肤”等共同的种族特征，我们每一个人都理当拥有一头浓密的乌发青丝。

【知识链接】

航空服务人员在修剪自己的头发时，有两方面的问题应当引起重视：

其一，应当定期理发。根据头发生长的一般规律以及自身情况，可以每半个月或一个月理一次头发，尤其是男乘务员或留短发的女乘务员。

其二，保持适当长度。对于男乘务员，发型要求轮廓分明，两侧鬓角不得长于耳廓中部，发尾最长不得超过衣领上限，前面发型必须保持在眉毛上方，不能遮住眼睛。对于女乘务员，可以留短发，最短不得短于两寸；长发要将其盘起来。

2．头发修饰

对于民航服务人员来说，头发修饰的基本要求是：经过修饰之后的头发，必须以庄重、简约、典雅、大方为其主导风格。不论是修剪头发，还是为其选择一定的造型，航空服务人员都必须严格遵守以下要求。

（1）着制服时必须按照出勤标准梳理好发型；发型必须用发胶整理固定，做到不掉落，不松散。

（2）短发可留职业女士短发，长短整齐，不允许留寸头及怪异发型，长度不过肩，不能挡住眉毛。

（3）如果染发只许染黑色或接近发色的自然色；白发过多者，需要染发。

（4）长发必须束起，盘于脑后，可使用学校统一发放的头花或发网，发网必须呈饱满状，禁止留刘海，碎发用发胶、黑色一字型发夹固定住（外露发夹数量不超过 4 枚）。

注意：时下社会流行的一些新潮发型虽然华丽美艳，却不适合民航服务人员选择，不能出现在航空服务工作场合。在一般情况下，不能使用彩色发胶、发膏。航空服务人员不能使用蓝、灰、棕等彩色发卡，不要在工作岗位上佩戴彩色、颜色或带有卡通、动物、花卉图案的发饰。头发不允许染成黑色和深棕色以外的颜色。

3．盘发步骤

盘发前要准备好盘发需要的物品，如梳子、橡皮筋、一字夹、U 形夹、隐形发网、啫喱水、发胶等。

（1）将头发理顺、倒梳（倒梳是为了打造空气感）。

（2）扎个马尾，马尾的高度与耳朵的延长线平行。

（3）用梳子对头顶的头发进行调整，打造出蓬松的空气感，然后喷啫喱水、抹发胶固定碎发。

（4）用隐形发网套住头发并用一字夹固定。

（5）将被隐形发网套住的马尾轻轻旋转，手掌要进行配合，隐形发网尾梢藏在发髻中，不可露出发髻呈圆弧状（八卦状）并且紧贴头部。

（6）用 4 个 U 形夹分别固定 4 个方向（U 形夹垂直插入，在橡皮筋方向深入夹住头发）。

（7）再次整理头发，做最后的改善。

二、民航服务人员的面部修饰礼仪

由于民航服务人员在执行航班任务时，与乘客接触距离较近，所以妆容要自然真实，要在不改变自身特点的基础上自然协调、不留痕迹，把民航服务人员的本色美和修饰美完美地结合。民航服务人员在进行面部修饰时，一方面要突出面部最美的部位，使面部显得更加美丽动人；另一方面要掩盖或矫正缺陷或不足的部位。

面部修饰的重点是创造自然、生动、高雅的气质。美好的妆容是留给乘客良好印象的第一步。团队整体化妆格调统一也非常重要。例如，民航服务人员在化职业妆时，要注意团队的协调统一，不应过分强调个人的特点。

民航服务人员的面部修饰包括皮肤保养与皮肤美化两方面。

1. 皮肤保养

（1）保持精神愉快、思想开朗，防止皮肤老化。

（2）保证充足的睡眠，避免熬夜。

（3）摄取充足和必需的营养物，饮食要多样化，避免偏食，应多吃一些蛋白质、维生素和矿物质含量丰富的食物。

（4）避免进食辛辣、刺激的食物和饮料，特别是饮酒和吸烟，吸烟会阻碍皮肤的新陈代谢，加速皮肤的衰老。

（5）浴后应涂抹润肤霜，保持皮肤的湿润。

（6）注意脸部的油脂，特别是“T”区内，要定时用吸油面纸把油脂擦净。

（7）避免寒冷和风沙的刺激，特别在冬季和春季，防止皮肤变得干燥、粗糙。

（8）每天坚持有规律地、彻底地清洗皮肤，使皮肤免受污物、化妆品的侵害。

（9）避免长时间化浓妆或不卸妆入睡，这样不利于皮肤的呼吸。

【知识链接】

民航服务人员应根据自身的肤质进行日常皮肤护理。

（1）干性皮肤。干性皮肤应选择略含酸性的洁肤产品和油性、滋润型的护肤产品；否则就会造成皮肤更干燥、无光泽、失去弹性。

（2）中性皮肤。中性皮肤春夏季会油一些，秋冬季会偏干一些，应随着季节的变化选择温和性的护肤产品，并配合以良好的生活习惯和规律的作息时间；否则皮肤就会变得干或者油。

（3）油性皮肤。油性皮肤肌纹粗、毛孔大，应选择略含碱性的洁肤品和水性的护肤品；否则皮肤就会容易生粉刺和痘痘。

（4）混合皮肤。混合皮肤“T”区比较油，护理时应在不同性质区域中配合相应的护肤品；否则“T”区容易长粉刺，眼周和脸颊容易干。

（5）敏感皮肤。敏感皮肤不能频繁地更换护肤品，不宜使用果酸类或者没有添加防过敏剂的天然护肤品，要注意防晒，平时饮食少食辛辣；否则会出现红肿、瘙痒的症状，过敏情况严重时应及时就医。

2．妆容修饰

（1）眼部的修饰。因为亚洲人的眼睑比较松弛，所以眼部化妆时不要用粉色或冷色，选用深色比较好。作为民航服务人员，眼部化妆应紧密结合自己所在航空公司的服装色调，要深浅均匀、干净，不要用烟熏等画法，显得不庄重。刷睫毛膏时可以把镜子平放在桌子上，眼睛自然地向下看镜子，睫毛膏就很容易均匀了，刷时要注意从根部开始。刷完后再用烫睫毛工具烫一下睫毛，这样不仅睫毛膏不容易脱落，睫毛也会蜷曲的时间更长。

眉毛的修饰应体现自然与协调，在保持个人特色的同时，有一定眉峰的眉形显得能干而精明。如果眉毛比较杂乱或眉梢向下，可用拔眉镊拔除杂毛，再月小剪刀修剪出比较清晰的眉形，会使脸型瞬间焕发清朗的神采。画眉时，用眉刷蘸取眉粉按照修好的眉形淡淡描画，眉头部位要轻轻带过。完成之后，可以在眉骨下方敷上一些白色亮粉，能突出眉骨，整个脸也显得立体起来。

（2）口部的修饰。口部的修饰范围包括口腔和口的周围两个方面。口腔修饰要注意口腔卫生，保持牙齿清洁。牙齿清洁的标准是无异物，无异味，洁白无瑕。在社交场合进餐后要剔牙，但切忌当着别人的面剔牙。正确方法是，用手掌或餐巾掩住嘴角，然后再剔牙，剔除的异物要吐到合适的地方，不要让它乱飞。其次是无异味，口腔有异味是很失风范的事情。平常最好少吃生葱、生蒜一类带刺激性气味的食物。每天早晨空腹喝一杯淡盐水，平时多以淡盐水漱口，能有效地控制口腔异味。在工作时嚼口香糖是不礼貌的，特别是与人交谈时，更不应嚼口香糖。

航空服务人员可使用无色或液体唇膏以保持唇部湿润，并使唇膏颜色更加持久。唇部化妆时，应先用唇线笔画唇线，再上唇膏。选用唇膏的颜色要与制服颜色相协调。

（3）鼻部的修饰。鼻子的修饰重在保养。要点有三，一是注重清洁，鼻子及其周围若是长疮、暴皮，生出“黑头”，连片的“青春痘”甚至出现“酒糟鼻”，会严重影响美观。二是不能乱挤、乱挖、乱抠，鼻子是面部的敏感区，容易感染。三是要注意及时修剪鼻毛。

（4）耳部的修饰。修饰耳部主要是保持耳部的清洁，及时清除耳垢和修剪耳毛。耳朵里的沟回很多，容易藏污纳垢，平时应注意耳朵的清洁。切记，清除耳垢，不要当众进行，更不要伤及耳膜。若有耳毛生长到耳朵外面，要及时修剪。

【知识链接】

民航服务人员面容修饰的总原则是：化妆上岗，淡妆上岗。具体应遵循以下原则：

（1）“扬长避短”原则。化妆要符合常规审美的标准，应根据自己的脸型及服饰的色彩合理调配并强调自然美；

（2）“3W”原则。“3W”即“When（什么时间）”“Where（什么场合）”“What（做什么）”。妆容要注意与时间、场合、事件相协调，工作场合应化职业妆，休闲场合妆容要清新自然，交际应酬的妆容应时尚大方；

（3）科学性原则。科学地选择化妆品和掌握科学的化妆方法；

（4）专用原则。不可随意使用他人的化妆品；

（5）“修饰避人”原则。不可在公共场合化妆和补妆。

3．化妆步骤

在民航服务工作中合适的妆容，不仅体现出对旅客的尊重，更能赢得别人的好感，甚至可以帮助民航服务人员获得“专业”“能干”的认可。

化妆前先要进行整肤，补充肌肤营养，让皮肤充分滋润。基本护肤程序为：爽肤水—眼霜—乳液（面霜）—防晒（隔离霜）。

（1）粉底。针对不同肤质应选择不同的粉底，各取所需。干性皮肤适合选用油性粉底，由于这类粉底较浓，可用美妆蛋来涂抹，使用前，可先用水打湿美妆蛋，再蘸取粉底进行涂抹，这样，可以使粉底在脸上薄薄地分散开来。如果皮肤属于中、干性，适合选用水性粉底。这类粉底易于在脸部皮肤涂抹均匀，有较好的透明感和清爽感。

（2）散粉。可以增加粉底的附着力使妆容持久，它可以缓和涂得过浓的腮红和眼影，也可以改善油性皮肤的化妆效果，应选择粉底细腻、透明无反光型定型粉。

（3）眉毛。眉色应略浅于发色和睫毛色，禁止使用发红的棕色。三点之间的连线应柔和，不应有过强硬的线条感。

（4）眼影。眼影颜色的选用需要搭配不同服装款式和颜色。职业妆不宜选用夸张的颜色，大地色很适合亚洲人的皮肤，是最不易出错的颜色，也是可以随意搭配服饰的“百搭”色。画眼影时，先用最浅的颜色（米白色）打底，然后将眼影由深至浅向眼睛上方涂染，分层次打出眼部的立体感，最后用米白色提亮眉骨和眼头。

（5）眼线。流畅的眼线能让眼眸增添神采，可用眼线液或眼线笔，但只能用黑色、深棕色，不允许画眼尾上挑的眼线。

（6）腮红。职业妆的腮红不可强于口红，重点在于利用柔和的色彩使得整个妆容更加亮丽。可以用粉红色的腮红来修饰脸色和脸形，用大号粉刷将腮红敷在两侧脸颊，刷子越大，刷出的颜色越自然。为了体现肌肤质感，还可以用润肤液轻拍面颊，创造无痕妆容。

（7）口红。民航服务人员禁止使用蓝色、绿色及珠光的口红或唇彩，可使用唇线笔勾勒唇线改善唇形，但禁止口红或唇彩涂抹在唇线之外。

（8）手和指甲。民航服务人员的手和指甲应保持干净，修剪整洁；染色指甲的颜色以透明色、肉色和淡粉色为限，涂抹均匀，不能有脱落现象；染色指甲长度不超过指尖 3mm；不染色指甲长度不超过指尖 2mm。禁止使用大红、大绿、大紫等彩色指甲油，禁止使用珠光色或含闪粉的指甲油。

【学习评价】

序号	评价标准	分值	自评分	小组评分	教师评分
1	发型符合标准	30 分			
2	底妆塑造符合标准	20 分			
3	眼部和眉毛修饰符合标准	20 分			
4	腮红和唇妆符合标准	20 分			
5	指甲长度和指甲油颜色符合标准	10 分			
合计		100 分			

【技能拓展训练】

训练场地：

化妆室。

训练要求：

学生根据自身着装选择相搭配的眼影色彩，可自由发挥。

任务二　民航服务人员仪态礼仪

【任务导入】

在机场贵宾室，工作人员在门口迎接要客，引导客人进入贵宾室，请其入座。询问客人座位需求并为其办理乘机手续。到登机时间时，通知客人，引导其乘坐贵宾车。

任务重点：站立式服务时的站姿，引导客人的正确手势，请其入座的正确手势，递接身份证件的正确手势，与要客交流时的蹲姿。

【知识准备】

仪态是指一个人的身体姿态，是一种无声的语言，是一个人气质风度、礼仪修养的外在表现。民航服务人员的仪态主要是指在工作中的站姿、行姿、坐姿、蹲姿、手势及面部表情等举止活动。大方得体的仪态是民航服务人员职业素质的直接体现，它有助于得到旅客的信任和满意。

一、站姿

站姿是指人们站立时的姿势与体态。站姿是人际交往中最基本的举止，是一切动态美的起点和基础。站立是民航服务工作中最常见的姿态。是民航服务人员的基本功之一。

1．标准站姿

航空人员工作状态中站姿的基本要求是“站如松”，应该做到端正、挺拔，具有稳定感。整体看要有脚跟提起，头向上顶，身体被拉长的感觉；竖看要有直立感，即以鼻子为中线的人体应大体成直线；横看要有开阔感，即肢体及身段应给人以舒展的感觉；侧看要有垂直感，即从耳至脚踝骨应大体成直线。站立的基本要领如下：

（1）头正、颈直，两眼平视前方，表情自然舒畅，微收下颌，嘴巴合拢。

（2）挺胸、双肩平、微向后张、使上体自然挺拔、上身肌肉微微放松。

（3）收腹、立腰，臀部肌肉收紧。

（4）两臂自然下垂于身体两侧，手指自然弯曲。

（5）女士站立时膝和脚后跟应并拢靠紧脚成“V”字形，男士站立时，双脚可以适当分开，但不可分开超过肩宽。

（6）身体重心通过两脚中间，放在脚的前端的位置上。

女士站立时要表现出轻盈、妩媚、典雅、娴静的女士美。站立时双手自然垂于身体两侧，或手自然抬起至腹部做提包状，脚后跟并拢，双脚成丁字步，如图 2–1 所示。端正的脊柱是构成女士形体曲线美的根本，因此站立时要腰部挺直、下腹微收、胸部挺起，只有这样才能显示女士的曲线美和亭亭玉立的美感。

男士的站姿要体现刚健、潇洒、英武、强壮，站立时双手自然垂于身体两侧，或相握叠放于腹前、身后，如图 2–2 和图 2–3 所示。双脚可以叉开，与肩同宽。

图 2–1　“丁”字步站姿（女）

图 2–2　双臂下垂站姿（男）

图 2–3　前搭手站姿（男）

【知识链接】

民航服务人员工作中容易出现的不良站姿有以下几种：

（1）站立时两腿交叉或两脚间距过大，会给人极不严肃的感觉。

（2）站立时双臂交叉抱于胸前、双手或单手叉腰，会有消极、抗议之嫌。

（3）站立时双手插入衣袋、裤袋中或无意识地做些小动作，如摆弄衣角、手指乱动等，会给人以缺乏自信、缺乏经验的感觉。

（4）站立时身体晃动、东倒西歪、耸肩驼背、随意倚靠，会给人精神不振、漫不经心的感觉。

工作中，如需要长时间保持站立姿态，可适宜地变换站姿，调整重心，以免肌肉僵硬、过于疲劳，但切不可出现以上情况。

2．与旅客交流时的站姿

（1）与坐着的旅客交流时的站姿。当旅客坐着时，民航服务人员应站在距离旅客 50cm 的位置，大约 45° 面对旅客。在标准站姿的基础上，双手在身体前方交叉相握，自然下垂。身体略微向前倾，以表示对旅客的尊重，如图 2-4 所示。

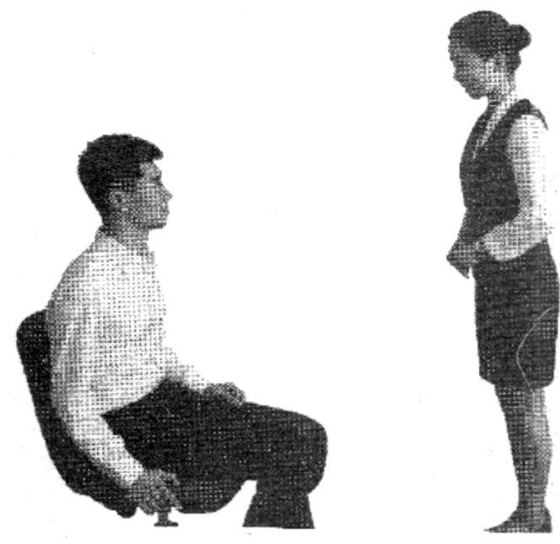

图 2-4　与坐着的旅客交流时的站姿

（2）与站着的旅客交流时的站姿。当旅客与民航服务人员都站立时，民航服务人员应站在距离旅客 1 m 左右的位置，面向旅客，双手自然下垂于体侧，或双手在身体前方交叉相握，自然下垂。

【课堂训练】

1．贴墙站立

每位同学贴墙站立 10 分钟，要求脚后跟、小腿腿肚、臀、肩、后脑勺贴墙。这样能够修正仪态，使体态显得挺直。

2．头顶物、腿夹纸

所有同学排列成一定队形按服务岗位中的站姿站立，要求头顶书本，双腿夹一张薄纸，站立过程中不允许书本和纸张掉下来，坚持 10 分钟。这种方式同样有纠正仪态的作用，并能控制学生站立的体态，使整体看上去笔直挺拔。

二、坐姿

坐姿是指人们入席、落座以及离席的一系列动作和姿态。正确的坐姿会给人以端庄、稳重、舒适之美。

1．标准坐姿

航空服务人员标准坐姿的基本要求是“坐如钟”，即坐相要像钟那样端正。

（1）入座。入座时要轻、稳、缓，动作自然从容。走到座位前，转身后轻稳地坐下。如果椅子位置不合适，需要挪动椅子的位置，应当先把椅子移至就座处，然后入座。因为坐在椅子上移动位置，是有违社交礼仪的。女士入座时如穿着裙子，应将裙子后摆用双手向前捋顺，以显得端庄娴雅，不可落座后整理衣裙。

（2）落座。坐下时，坐满椅面的1/2或2/3，保持上体正直稍向前倾，头正肩平，身体重心垂直向下。双腿自然弯曲，小腿垂直于地面，双脚平落地面，双膝自然并拢，男士双膝间可分开不超过肩宽的距离。女士右手搭在左手背上放在两腿之间靠近小腿处；男士双手掌心向下，自然放于双腿上。

（3）离座。离座时应自然稳当，右脚先向后收半步，轻缓站起，保持上身正直，向前走一步，再转身从椅子左侧离开。

2．坐姿的变换

（1）谈判、会谈时，场合一般比较严肃，适合正襟危坐。要求上身正直，端坐于椅子中部，双手放在桌上、腿上均可。

（2）倾听他人教导、指点时，若对方是长者、尊者、贵客的情况下，坐姿除了要端正外，还应坐在座椅、沙发的前半部或边缘，身体稍向前倾，表现出一种谦虚、迎合、重视对方的态度。

（3）在比较轻松、随便的非正式场合，可以坐得稍微自然一些。全身肌肉可适当放松，可不时变换坐姿，以做休息。

3．女性民航服务人员常用的坐姿

女性民航服务人员常用的坐姿主要有以下四种：

（1）正坐式坐姿。正坐式坐姿即标准坐姿，要求双腿并拢，小腿垂直于地面，双膝、双脚完全并拢，右手搭在左手背上放在两腿之间靠近小腹处，如图2-5所示。

（2）曲直式坐姿。曲直式坐姿是在正坐式坐姿的基础上，一腿向前伸，另一腿曲后，两脚前后要保持在一条直线上，如图 2–6 所示。

（3）斜放式坐姿。斜放式坐姿是在正坐式坐姿的基础上，两小腿向侧边斜出约 45°，大腿保持垂直，如图 2–7 所示。当女士坐在沙发或较低的椅子上时可采用这种坐姿。

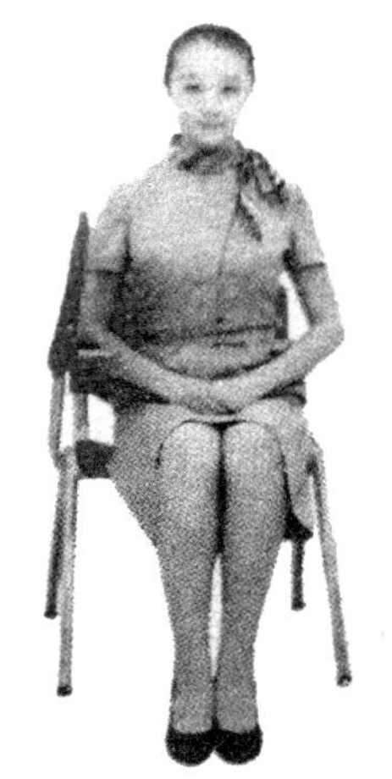

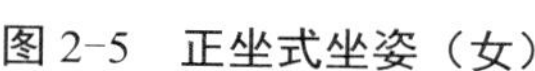

图 2–5　正坐式坐姿（女）

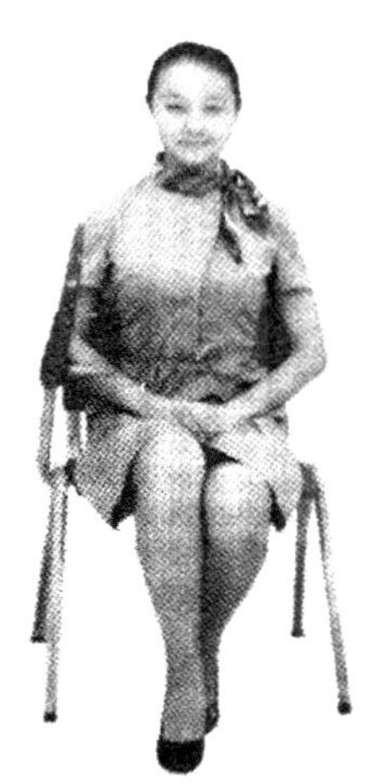

图 2–6　曲直式坐姿

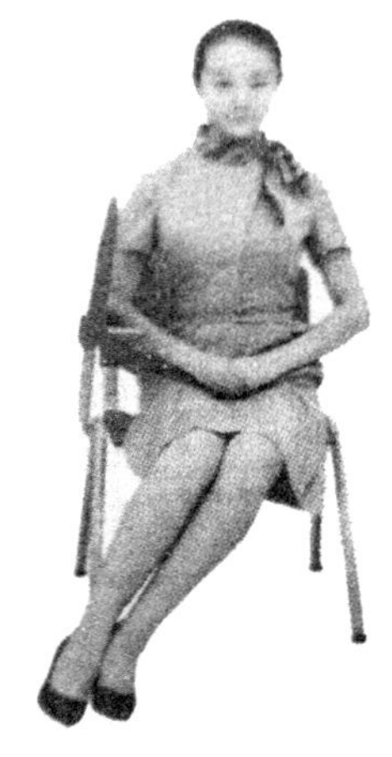

图 2–7　斜放式坐姿

（4）侧叠式坐姿。侧叠式坐姿造型极为优雅，给人一种大方高贵的感觉。将双腿一上一下完全地交叠在一起，交叠后的两腿之间没有任何缝隙，犹如一条直线。双腿斜放于左右一侧，斜放后的腿部与地面呈 45°夹角，叠放在上的脚尖垂向地面，如图 2–8 所示。

（5）正叠式坐姿。正叠式坐姿要求两条腿大腿部分叠放在一起，叠放之后位于下方的一条腿垂直于地面，脚掌着地；位于上方的一条腿的小腿向内收，两腿尽量贴紧不留缝隙，同时脚尖向下，如图 2–9 所示。

图 2–8　侧叠式坐姿

图 2–9　正叠式坐姿

女性民航服务人员在工作中应以正坐式坐姿为主。如需要长时间坐立，可适当变换坐姿，以缓解疲劳，但不可过于频繁。

4．男性民航服务人员常用的坐姿

男性民航服务人员在服务工作中应以正坐式坐姿为主。正坐式坐姿即标准坐姿，要求小腿垂直于地面，双腿适度分开，两膝外侧不可超过肩宽，双手掌心向下，自然放于双腿上，如图 2-10 所示。

男士在社交活动中也可采用重叠式坐姿，即在正坐式坐姿的基础上，左小腿垂直于地面，右腿叠放在左腿上。男士在使用此种坐姿时要将右小腿向里收，脚尖不上跷，不能随意晃动，如图 2-11 所示。注意，重叠式坐姿不提倡在服务工作中使用。

图 2-10　正坐式坐姿（男）

图 2-11　重叠式坐姿（男）

【知识链接】

民航服务人员应避免出现以下几种坐姿：男士双腿叉开过大；女士双膝分开；双腿直伸出去；架腿方式欠妥；腿部抖动摇晃；以脚蹬踏他物；脚尖指向他人；双脚纠缠作为下方部位；就坐时上身向前、趴伏或倚靠椅背；手抱在腿上或夹在腿间。

三、蹲姿

蹲姿通常是在取放低处物件、拣拾落地物品时不得已而为之的动作，虽然用得不多，但很容易被忽视。在民航服务中，与儿童旅客以及坐着的旅客交流时也需要用到蹲的姿态。蹲姿一

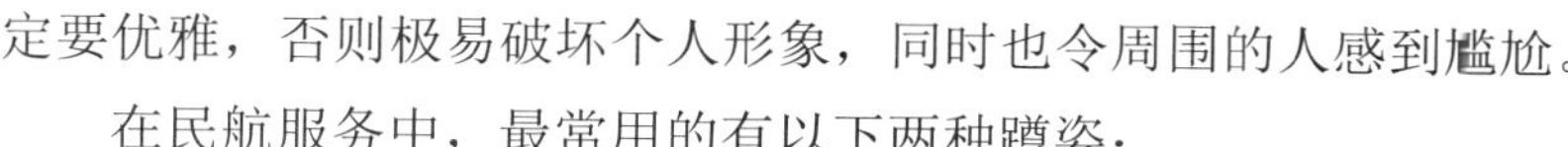

定要优雅，否则极易破坏个人形象，同时也令周围的人感到尴尬。

在民航服务中，最常用的有以下两种蹲姿：

1．高低式蹲姿

高低式蹲姿即双膝呈现一高一低的姿态。下蹲时左脚在前，右脚在后，两腿靠紧向下蹲；左脚全脚着地，小腿基本垂直于地面，右脚脚跟提起，脚掌着地；右膝低于左膝，左膝内侧靠于左小腿内侧，形成左膝高右膝低的姿势，臀部向下，基本上以右腿支撑身体。男士选用这种蹲姿时，两腿之间可有适当距离，如图 2–12 所示。

2．交叉式蹲姿

交叉式蹲姿双腿呈现交叉的姿态。下蹲时右脚在前，左脚在后，右小腿垂直于地面，全脚着地；左腿在后与右腿交叉重叠，左膝由后面伸向右侧，左脚脚跟抬起脚掌着地；两腿前后靠紧，合力支撑身体；臀部向下，上身稍前倾，如图 2–13 所示。交叉式蹲姿仅为女士使用，当女士裙子较短时采用这种蹲姿。

图 2–12　高低式蹲姿

图 2–13　交叉式蹲姿

【知识链接】

民航服务人员下蹲时不要过于突然，位置也不要距人过近，否则可能会造成旅客不安；下蹲时不要直接面对着旅客，这样会显得不太礼貌。另外，女士下蹲，除了方位上注意要侧对他人以外，还应用一只手轻按领口位置，不要毫无遮掩，导致走光。当需要蹲下与婴客、儿童等旅客进行交流时，应大约在45°面对旅客的位置蹲下。

在民航服务过程中，不要随意滥用蹲姿，以免给人做作的印象，但与年幼旅客交谈时要采用蹲姿。工作、生活中也不要蹲在不符合礼仪的位置，如椅子上、马路边等，更不允许蹲着休息。

四、行姿

行姿是在站姿的基础上展示动态美的延续动作。民航服务人员的行姿应给人以从容、平稳、优雅的感觉。

1. 标准行姿

民航服务人员行姿的基本要求是“行如风”，即要求在行走时，如风行水上，有一种轻快、自然之美。基本要领如下：

（1）抬头挺胸收腹，目光平视前方，脚尖向前，双腿自然向前迈进，双臂在身体两侧自然摆动，步履轻捷，神态平和，要走出节奏，走出韵律。

（2）注意步位，步位就是脚下落到地上的位置，这一点对女士来说尤为重要。两脚轮换前进，要踩一条直线，而不是两条平行线。在行走时，必须保持明确的行进方向，尽可能地使自己犹如在直线上行走，不要突然转向，更不可突然大转身。

（3）注意步度，步度是指跨步时两脚之间的距离，一般人的步度时大时小，而标准的步度是一个脚长。因此，不同的人标准步度的大小是不同的。就一般而言，行进时迈出的步度与本人一只脚的长度相近。即男子每步约40cm，女子每步约36cm。

（4）男士走路步态应稳重，以显示其刚强英武的男子风骨美，女士走路步态应轻柔匀称自如，以显示其端庄典雅的女子窈窕美。速度均匀，在正常情况下，男子每分钟108～110步，女子每分钟118～120步。不突然加速或减速。

2. 民航服务人员常用的行姿

（1）前进步。民航服务人员向前行走时，应始终保持标准行姿。行进中如需问候旅客时，上体和头部应随之转动，微笑点头致意；在较窄地方遇到旅客需要主动礼让，侧身让旅客先行通过，如有急事需要超过旅客时，应向旅客致歉后方可超越；多名工作人员同时行走时，应保持纵队行进，以免阻挡旅客。

（2）巡视步。客舱乘务员在巡视客舱时，女性服务人员可双手自然交握于腰部，手腕略微上抬，双臂微收，微笑前行。

（3）后退步。与客人告别时，不能转头就走，应先向后退三步，再转身离去。退步时脚轻擦地面，不要高抬小腿，后退步幅要小。转身时要身先转，头稍后一些转。

（4）引导步。指在前面给宾客带路的步态。引宾时，要尽量走在宾客的左侧前方，整个身体半转向宾客方向，左肩稍前，右肩稍后，保持两三步的距离。遇到楼梯、拐弯、进门时，要伸出左手示意，提示客人。

（5）前行转身步。前行中要拐弯时，要在距所转方向远侧的一脚落地后，立即以该脚掌为轴，转过全身，然后迈出另一脚。向左拐时，要右脚在前时转身；向右拐时，要左脚在前时转身。

【知识链接】

工作中的行姿禁忌：

（1）身体乱摇乱摆，晃肩、扭臂；方向不定，到处张望。

（2）以“外八字”或“内八字”迈步。

（3）步子太快或太慢；重心向后，脚步拖拉。

（4）多人行走时，勾肩搭背，大呼小叫。

（5）弓腰驼背行走。

（6）行走时只摆小臂。

（7）脚蹭地皮行走。

【课堂训练】

1．步位步幅训练

在地上画一条直线，要求踩着直线行走，纠正“外八字”“内八字”及步幅过大或过小的陋习。

2．摆臂训练

直立身体，以肩为轴，双臂前后自然摆动，纠正摆动幅度大、过于僵硬、双臂左右摆动的毛病。

3．稳定性训练

要求女生头顶书本并穿高跟鞋行走。行走中保持身体挺拔，要求头正、颈直、目不斜视、表情柔和。

4. 步韵训练

配以节奏感强的音乐，踩着节拍以走秀的形式（注意双臂的摆动与步伐的协调），进行行姿训练。

五、手势

手势是体态语言中最重要的传播媒介，是通过手和手指活动传递信息的一种方式。手势不仅能够表达一个人想要表达的信息，在许多情况下，它还会流露出一个人的心情和想法。例如，紧张的人会不由自主地握紧手，兴奋的人会振臂欢呼，焦急的人会抬手看表等。手势是口头语言表达的重要辅助手段，是一种极其复杂的符号系统，能够表达一定的含义。在民航工作中，正确地运用手势可以帮助民航服务人员更好地传递信息，表达情感，进而提高工作效率和服务效果。

1. 手势的种类

手势按其作用的不同可以分为如下几种：

（1）情绪性手势。即用手势表达思想感情。例如，高兴时拍手称快，悔恨时敲打前额，急躁时双手相搓等。情绪性手势是说话人内在感情和态度的自然流露。

（2）表意性手势。即用手势表明具体内容，表达特定含义。这些手势大多是约定俗成的，含义比较明确。例如，招手表示让对方过来，摆手表示不要或禁止，挥手表示再见或致意。

（3）象形性手势。即用手势来进行描述。例如，指东西很大时用双手比划一个大圆，说某人很矮时手向下按。象形性手势使说话者表达的内容更形象、生动。

（4）象征性手势。即用手势表达某一抽象的事物或概念。例如说“我们一定要取得这次谈判的胜利”时，手握拳用力向上。

2. 服务手势规范要求

服务手势的基本要求是自然大方、规范到位、适度有礼。应把握以下要领：

（1）多数服务手势应保持五指伸直并拢，腕关节伸直，保持手掌与前臂在一条直线上。切不可使用手指来指人，那具有教训人的含义，是极不礼貌的。指示物品或方向时也不可用手指进行，除非一些微小的物品，如文字。

（2）服务手势提倡掌心向上或斜向上。掌心向下意味着权威、缺乏诚意，不宜在服务工作中使用。

（3）把握好服务手势的幅度。服务手势的幅度不宜过大，一般不应超过对方的视线，使用手势时应注意与对方保持适当的距离，不可阻碍或触碰到对方。

3．航空服务人员常用的手势语

（1）横摆式手势。在表示“请”“请进”时常用，五指伸直并拢，手掌自然伸直，手心向上，肘作弯曲，腕低于肘。以肘关节为轴，手从腹前抬起向右摆动至身体右前方。同时，脚站成右丁字步。头部和上身微向伸出手的一侧倾斜，另一手下垂或背在背后，目视乘客，面带微笑。

（2）曲臂式手势。五指并拢，手掌伸直，由身体一侧由下向上抬起，以肩关节为轴，手臂稍曲到腰的高度，再向右方摆去，摆到距身体 15cm，不超过躯干的位置时停止。

（3）双臂横摆式手势。面对较多乘客时说“请”，可采用“双臂横摆式”。即两手从腹前抬起，双手上下重叠，手心向上，同时向身体两侧摆动，摆至身体的侧前方，上身稍前倾，微笑施礼向大家致意，然后退到一侧。也可以双臂向一个方向摆动，即两手从腹前摆起，手心朝上，同时向一侧摆动，两手臂之间保持一定距离。

（4）斜摆式手势。请乘客就座时，手指应指向座位的地方。手从身体的一侧抬起，到高于腰部后，再向下摆去，使大小臂成一条线，掌心向前。

（5）直臂式手势。需要给乘客指引方向时或做“请往前走”手势时，采用直臂式，其动作要领是：将右手由前抬到与肩同高的位置，前臂伸直，用手指向乘客要去的方向。一般男士使用这个动作较多。注意指引方向时不可用一根手指指出，显得不礼貌。

如图 2-14 所示为航空服务人员常用的手势。

【知识链接】

手势要求规范、适度，不宜过多，应该显得落落大方、明确而热情，与全身配合协调，同时动作幅度不应过大，要给人一种优雅、含蓄且彬彬有礼的感觉。对于个体而言，我们手势语的样式和变化比较有限，运用中一定要讲求简洁。

（1）精炼。用必要、少量的手势去衬托、强调关键性的、主要的内容。

（2）明确。使用含义明确的或约定俗成的手势，充分发挥手势语补充、强调等表达作用。

（3）行业规范化。在配合口头表达或单独使用手势语时，要注意手势动作合乎行业规范。

（4）同一种手势，在不同的国家、地域可能有不同的含义，甚至有相反的意思。

（5）手势的运用一定要符合所在国家的文化传统。

在使用手势时，应避免以下情况发生：

（1）不可当众挠头摸脑、掏耳朵、抠鼻孔、擦眼屎、搓泥垢、修指甲，或抖动腿脚。

（2）用食指指向他人，或掀手指并发出声音，揉衣角、用手指在桌上乱画、将笔在手中乱转。

（3）讲话时搓手、躲脚、比划。

（4）介绍某人或为乘客指引方向时，用手指来指点，或掌心向下挥手一指。

（5）与人谈话时，手势过多，动作过大，甚至手舞足蹈。

（a）横摆式手势

（b）曲臂式手势

（c）双臂横摆式手势

（d）斜摆式手势

（e）直臂式手势

图 2-14　航空服务人员常用的手势

【学习评价】

序号	评价标准	分值	自评分	小组评分	教师评分
1	站姿符合标准	20 分			
2	坐姿符合标准	20 分			
3	行姿符合标准	20 分			
4	蹲姿符合标准	20 分			
5	引导手势符合标准	20 分			
合计		100 分			

【技能拓展训练】

训练场地：

模拟舱外走廊和模拟舱。

训练内容：

每 10 人为一组，5 人模拟客舱乘务员，其余模拟乘客，然后互换角色，进行以下模拟训练：

（1）模拟候机楼行走礼仪。女乘务员左肩挎包、右手拉箱，男乘务员左手提包、右手拉箱，通过候机楼时，纵队行进，步伐有韵律美感。注意不要甩动飞行箱或者身体摇晃，行进间不勾肩搭背，不可吃东西、看手机和高声喧哗；

（2）模拟候机楼待机坐姿。标准坐姿，集中就座，安静等候。不与乘客混坐，不可吃东西、嬉闹、补妆、打瞌睡、不跷二郎腿、不抖动双腿。飞行箱集中摆放整齐。禁止坐在窗台上、柜台上、台阶上；

（3）模拟客舱迎客礼仪。乘务员站在客舱内指定位置，面对乘客呈 45°，恭候乘客登机。站姿要求保持标准、鞠躬、手势和真诚甜美的微笑；

（4）模拟舱巡视礼仪。乘务员在客舱走动，观察旅客需求、安全等状况，处理特殊情况，提供及时周到的服务。在正确站姿的基础上，轻稳迈步，双手交叉握于腹部，手腕略微上抬，双臂微收，微笑前进。指示行李放置，检查起飞和降落时乘客是否关闭电子设备，巡查乘客在飞行期间有无需求，检查行李架，指示座位号、座椅位置。

任务三　民航服务人员仪表礼仪

【任务导入】

乘务组接到了飞行任务——15:30由上海虹桥机场飞往北京首都国际机场的航班任务，要求乘务员在起飞前进行职业装等检查。具体任务包括：

（1）制服穿着的检查；

（2）鞋袜的穿着检查；

（3）女乘务员帽子、丝巾、工号牌等饰物的佩戴；

（4）男乘务员领带、帽子等饰物的佩戴。

【知识准备】

一、职业着装应遵循的基本原则

服饰是人们审美的一个重要方面，服饰的大方和整洁有一种无形的魅力，它能反映一个人多方面的素养，人们初次见面开口说话之前，往往先从服饰来判断对方的地位、品位和气质。“服饰等于您的名片和徽章。”这句话虽有夸大的成分，但足以见得服饰是否高雅大方，关系到社交活动的成功与否。因此，在社交场合，一个人穿戴什么样的服饰，直接关系到别人对这个人形象的评价。正如意大利著名影星索菲亚·罗兰所说：“你的服饰往往表明你是哪一类人物，它们代表着你的个性。一个和你会面的人会不自觉地根据你的衣着来判断你的为人。”大文豪比亚则进一步强调：“服饰可以表现人格。”

服饰是一种文化、一种“语言”，是影响人际交往中“首因效应”的重要因素之一。在节奏如此之快的今天，人际交往常常没有时间进行心与心的交流，第一面就决定了彼此是否有继续深入交往的可能。衣着就是最为重要的一环。它能透露出一个人的生活水平、身份、地位、品位，甚至是性格和爱好。

任何一种服饰都在一定程度上体现着社会的精神风貌，反映着社会的等级差异与角色分工，同时也充当着礼仪的工具。服饰能够体现一个人的社会生活和文化素养，得体的服饰能使

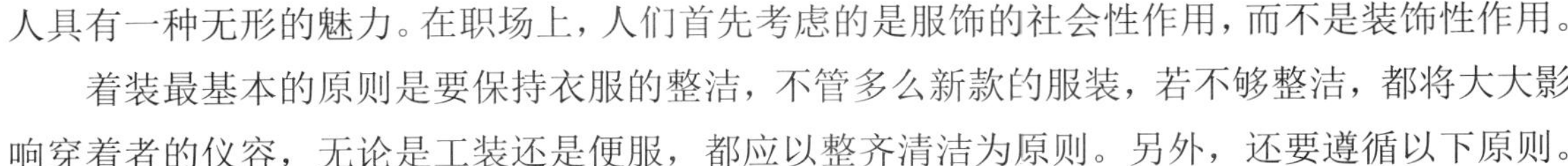

人具有一种无形的魅力。在职场上，人们首先考虑的是服饰的社会性作用，而不是装饰性作用。

着装最基本的原则是要保持衣服的整洁，不管多么新款的服装，若不够整洁，都将大大影响穿着者的仪容，无论是工装还是便服，都应以整齐清洁为原则。另外，还要遵循以下原则。

1．TPO原则

TPO是三个英语单词的缩写，它们分别代表时间（Time）、地点（Place）和场合（Occasion），即着装应该与当时的时间、地点相协调和所处的场合。TPO原则是国际上公认的穿衣原则。

（1）时间原则。时间涵盖了每一天的早间、午间和晚间三个时间段，也包括每年春、夏、秋、冬四个季节的交替以及不同的时期、时代。因此，人们在着装时应考虑到时间层面，做到随时更衣。比如，冬天要穿保暖、御寒的冬装；夏天要穿吸汗、凉爽的夏装。比如长袍马褂是清代男子最典型的服饰，但如果在今天有谁穿在大街上那就不符合时代特征了。商务人员的着装既不能过于超前，也不能过于落后。

（2）场合原则。衣着要与场合协调。与顾客会谈、参加正式会议等，衣着应庄重考究；听音乐会或看芭蕾舞，则应按惯例着正装；出席正式宴会时，则应穿中国的传统旗袍或西方的长裙晚礼服；而在朋友聚会、郊游等场合，着装应轻便舒适。试想一下，如果大家都穿便装，你却穿礼服就有欠轻松；同样的，如果以便装出席正式宴会，不但是对宴会主人的不尊重，也会令自己尴尬。人们早间在家中和户外的活动居多，无论外出跑步做操，还是在家里盥洗用餐，着装都应以方便、随意为宜，比如选择运动服、休闲服等，这样会透出几分轻松温馨之感。旗袍最能体现东方女性的风韵美，但如果有谁穿着旗袍去挤火车，那就大煞风景了。

（3）地点原则。从地点上讲，置身在室内或室外，驻足于闹市或乡村，停留在国内或国外，身处于单位或家中，在这些不同的地点，着装的款式理当有所不同，切不可以不变应万变，即特定的环境应配以与之相适应、相协调的服饰，以获得视觉与心理上的和谐感。例如，穿泳装出现在海滨浴场，是人们司空见惯的，但若是穿着它去上班、逛街，则令人哗然；西装革履地步入金碧辉煌的高级酒店会产生一种入境两相宜的效果，而若出现在大排档，便会出现极不协调、反差强烈的局面；在静谧肃穆的办公室里着一套随意性极强的休闲装，穿一双拖鞋，或者在绿草茵茵的运动场着一身挺括的西装，穿一双皮鞋，都会因环境的特点与服饰的特性不协调而显得入境两不宜。

2．协调原则

协调原则即着装要与个性、体型、肤色协调。

（1）配合身份与个性。着装既要符合自己的身份，也要配合对方的身份，这样有助于彼此的沟通。我们在选择服装时，要符合个人的气质。

（2）配合体型。衣不合体会给人留下滑稽的印象，每个人均要认知自己体型的优点和缺点。

1）体型肥胖的人：不宜穿色彩太艳丽或大花纹、横纹等服饰，这样会显得更加肥胖。宜穿深色、冷色的带小花纹、直线纹的服饰，会显清瘦一些。

2）体型偏瘦高的人：宜穿浅色横条纹或有大方格、圆圈等图案的服饰，在视觉上来增加体型的横宽感。同时可选用红、橙、黄等暖色的服饰加以搭配，使之看上去健壮、丰满匀称一些。

3）体型矮的人：尽量少穿或不穿色彩过重或纯黑色的服饰，免得在视觉上造成缩小感觉。不要穿那些鲜艳大花图案和宽格条的服饰，应该挑选素净色和长条纹服饰。

4）体型太大的人：这里所说的“体型太大”，指的是高度与宽度都超过标准体型的人。这种体型不宜穿着颜色浅且鲜艳的服饰，最好免去大花格，而用小花隐纹面料，主要是避免造成扩张感，使形体在视觉上显得更大。

（3）配合肤色。

1）白皙皮肤：肤色白嫩者，适合穿各种颜色的衣服，因为“一白遮百丑”。大部分颜色都能令白皙的皮肤更亮丽动人，色系当中尤以黄色系与蓝色系最能突出洁白的皮肤，使人整体显得明艳照人。

2）淡黄或偏黄皮肤：皮肤偏黄的宜穿蓝色调服装，酒红、淡紫、紫蓝等色彩能令面容更白皙，但强烈的黄色系如褐色、橘红等则能不穿就不穿，以免令面色显得更加暗淡无光。

3）肤色较黑：可以选一些比较明亮的颜色，如浅黄、鱼肚白、粉白等，以强化肌肤的美感。

【知识链接】

色彩是服装留给人们印象最深的因素之一，而且在很大程度上也是服装穿着成败的关键所在。色彩对他人的刺激最快速、最强烈、最深刻，所以被称为“服装之第一可视物”。适合你的颜色跟你与生俱来的肤色、发色、瞳孔色等“人体色”特征有很大关系，服装颜色选择得好可以使你的脸色健康、气质美好；反之，则会使你的脸色晦暗、气质不佳。

一般来讲，不同色彩的服饰在不同的场合所产生的效果是不同的，为此需要对色彩的象征性有一定的了解：

（1）黑色：象征神秘、悲哀、静寂、死亡，或者刚强、坚定、冷峻；

（2）白色：象征纯洁、明亮、朴素、神圣、高雅、恬淡，或者空虚、无望；

(3) 黄色：象征炽热、光明、庄严、明丽、希望、高贵、权威；

(4) 大红：象征活力、热烈、激情、奔放、喜庆、福禄、爱情、革命；

(5) 粉红：象征柔和、温顺、温情；

(6) 紫色：象征谦和、平静、沉稳、亲切；

(7) 绿色：象征生命、新鲜、青春、新生、自然、朝气；

(8) 浅蓝：象征纯洁、清爽、文静、梦幻；

(9) 深蓝：象征自信、沉静、平静、深邃；

(10) 灰色是中间色，象征中立、和气、文雅。

人们在穿着服装时，在色彩的选择上既要考虑个性、爱好、季节，又要兼顾他人的观感和所处的场合。明代卫泳在《缘饰》中说道："春服宜清，夏服宜爽，秋服宜雅，冬服宜艳；见客宜重装；远行宜淡服；花下宜素服；对雪宜丽服"。由此可见，古人对服饰的研究的确值得我们借鉴。

二、男士正装的穿着礼仪

1. 制服

制服是由某一个企业统一制作，并要求某一个部门、某一个职务与级别的公司员工统一穿着的服装。简言之，所谓制服是指有规定式样的服装。因为制服体现着所在企业的形象，反映着企业的规范化程度，每一位商务人员对此绝对不可以马虎大意。穿着制服最重要的一个禁忌，就是不允许制服便服混穿，随意搭配。

2. 西服

西服是在西方国家较为通行的两件套，或者三件套的统一面料的、统一色彩的、规范化的正式场合的服装。西服的扣子有单排扣和双排扣之分，单排扣西服的最基本的讲究就是最下面的那粒扣子永远不系，不管是两粒扣、三粒扣还是四粒扣。双排扣西服一般扣子都要系上，只有坐下时，将最下边的扣子解开，以防止服装"扭曲走样"。而三件套的西服，马甲无论是单穿还是同西服搭配穿，都必须认真地系上扣子。如图 2-15 所示为男士西服。

穿着西服，对民航从业人员而言，是体现其身份，和所在企业的规范化程度。民航从业人员穿着西服时，必须了解衬衫、领带、鞋袜和公文包等与之组合搭配的基本常识，才能真正地穿出品位。因此，穿着西服必须遵守基本的穿着规范。西服穿着讲究三色原则、三一定律、三大禁忌。

图 2-15　男士西服

（1）三色原则。男士在正式场合穿着西服套装时，全身颜色必须限制在三种之内，否则就会显得失之于庄重和保守。

（2）三一定律。男士穿着西服、套装时，身上三个部位——鞋子、腰带、公文包的色彩必须协调统一。最理想的选择是鞋子、腰带、公文包皆为黑色，其色彩统一，有助于提升穿着者的品位。还有一点值得注意，正式场合使用的腰带，以黑色皮革制品为佳，宽度一般不超过3cm；公文包一般也以黑色皮革制品为宜，公文包中可以装文件、钱包、名片、手机、笔、本、钥匙等物品。因为西服口袋不适宜放东西，所以最好随身携带一只公文包。

（3）三大禁忌。男士在正式场合穿着西服、套装时，不能出现以下三种错误：袖口上的商标没有拆；在非常正式的场合穿着夹克打领带；在正式场合穿着西服套装时袜子出现了问题，如两只袜子颜色不统一，穿着尼龙袜和白色袜子。

3. 衬衣

衬衣只能穿一件。在正式场合穿的衬衣，应为白衬衣、单色的、没有过多的图案，格子、条纹之类的衬衣尽量少穿，彩色的一般不要穿。还要特别注意的是，长袖衬衣是正装，短袖衬衣是休闲装，不宜用短袖衬衣来搭配西装。长袖衬衣还有几个细节一定要注意：

（1）长袖衬衣里面穿内衣、背心的时候，应注意领型选择 U 型领或 V 型领，不能让领露出来，不打领带时，衬衣最上面的扣子一般不扣紧。

（2）西服衬衣分为很多类型，一般搭配西装的衬衣是扣领衬衣，除了扣领衬衣以外还有窄领衬衣、阔领衬衣、立领衬衣、翼领衬衣。一般立领衬衣是单独穿着，或者搭配休闲装，而翼领衬衣一般搭配蝴蝶结，穿燕尾服、礼服的时候使用。

（3）在穿着衬衣的时候，衬衣的衣领应高于西服领 1~2cm；衬衣的袖口应长于西装袖口 1~2cm。

4．领带

领带被称为西装的“画龙点睛之处”，凡是正式场合，穿西装都应系领带。

（1）领带的选择。用于正式场合的领带，要选用单色。其图案应规则、传统，最常见的有斜条、横条、竖条、圆点、方格以及规则的碎花，它们多有一定的寓意。领带下端为倒三角形，适用于各种场合，比较传统。

（2）领带的位置。穿西装上衣系好衣扣后，领带应处于西装上衣与内穿的衬衫之间。穿西装背心、羊毛衫、羊绒衫、羊毛背心时，领带应处于它们与衬衫之间。不要让领带逸出西装上衣之外。

（3）领带的系法。领带扎得好不好看，关键在领带结打得如何。打领带结有三点技巧：其一，打得端正、挺括，外观上呈倒三角形。其二，在收紧领结时，有意在其下压出一个窝或一条沟，使其看起来美观、自然。其三，领带结的具体大小不可以太随意，应令其大体上与同时所穿的衬衫领子的大小成正比。穿立领衬衫时不宜打领带，穿翼领衬衫时适合扎蝴蝶结。

领带有六大结法：亚伯特王子结、温莎结、浪漫结、四手结（单结）、简式结（马车夫结）及十字结（半温莎结）。

1）亚伯特王子结。这种方法适用于扣领及尖领系列衬衫，正确打法如图 2-16 所示：

a）将领带绕于颈上，窄的一边保持在身体右侧，宽的一边预留较长的空间；

b）将宽的一边压在窄的一边的上面，用宽的一边围绕窄的一边绕一圈；

c）用宽的一边再围绕窄的一边绕一圈；

d）绕第二圈时将两边贴合在一起，并环绕到领口成环形部；

e）宽边从环形部的下面穿过，再穿过其环绕的环形孔；

f）拉紧、拉直，整理成型。

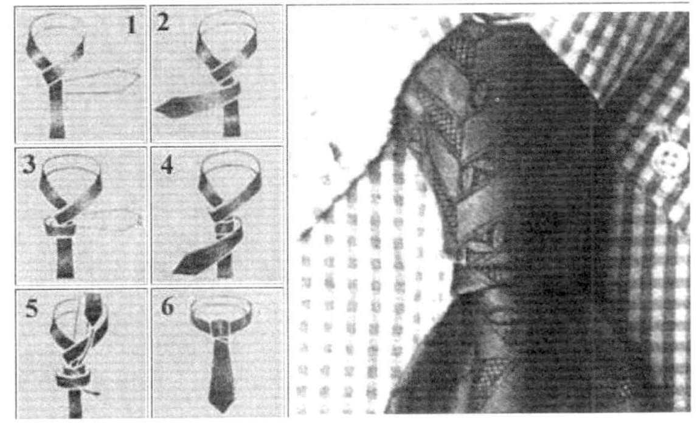

图 2-16　亚伯特王子结

2）浪漫结。这种方法适用于浪漫系列的领口及衬衫，正确打法如图 2-17 所示：

a）将领带绕于颈上，窄的一边保持在身体左侧，将宽的一边预留较长的空间，压向窄的一边呈交叉状；

b）将宽的一边从领口绕出来；

c）用宽的一边围绕窄的一边一圈；

d）将宽的一边从领口绕出来；

e）让宽的一边从其环绕的这个圈中穿出；

f）拉紧、拉直，整理成型。

浪漫结完成后将领结下方宽的一边压以褶皱可缩小其结型，也可将窄的一边往左右移动，使其小部分出现在宽的一边领带旁。

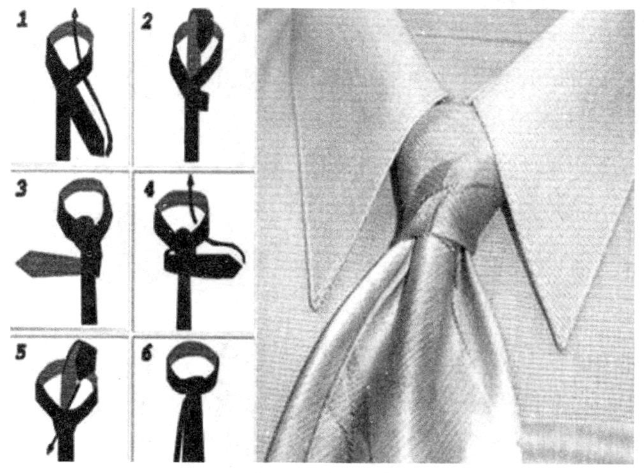

图 2-17　浪漫结

3）四手结（单结）。这种方法是所有领结中最容易上手的，适用于各种款式的衬衫及领带，正确打法如图 2-18 所示。

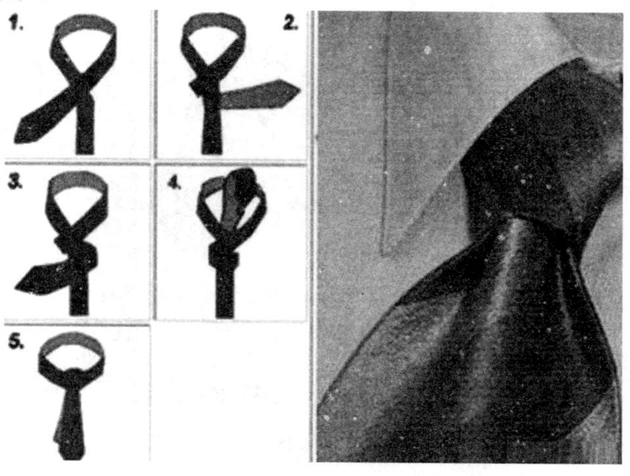

图 2-18　四手结（单结）

a）将领带绕于颈上，窄的一边保持在身体右侧，将宽的一边压在窄的一边上面；

b）用宽的一边围绕窄的一边一圈；

c）将宽的一边从领口的环形部下面穿过；

d）将宽的一边穿过其环绕的环形孔；

e）拉紧、拉直，整理成型。

4）简式结（马车夫结）。这种方法适用于质料较厚的领带，最适合搭配标准式及扣式领口的衬衫，正确打法如图 2-19 所示。

a）将领带绕于颈上，宽的一边保持在身体右侧，将窄的一边压向宽的一边；

b）将宽的一边以 180° 由上往下翻转；

c）将宽的一边围绕窄的一边一圈；

d）将宽的一边穿过领口再从圈中穿过；

e）将折叠处隐藏于后方，调整领带长度，整理成型。

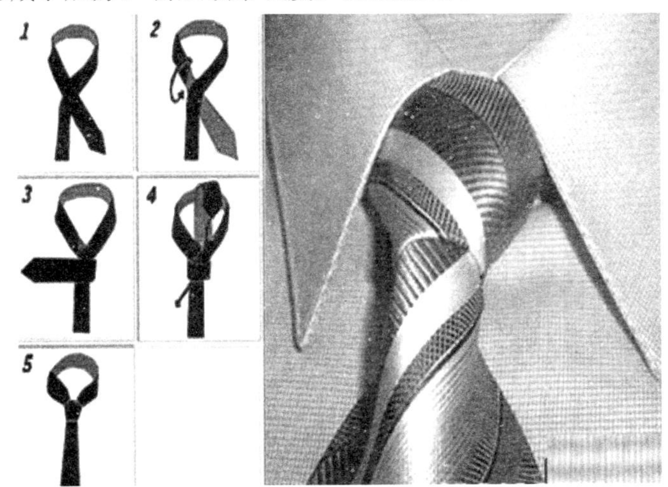

图 2-19　简式结（马车夫结）

5）温莎结。这种方法是最正统的领带打法。因为温莎结的宽度比一般结型宽，所以十分适合使用在意大利式领口（八字领）的衬衫上，常与丝质领带相互搭配，正确打法如图 2-20 所示。

a）将领带绕于颈上，窄的一边保持在身体右侧，将宽的一边压向窄的一边后，在窄的一边一侧从领口绕出来；

b）将宽的一边从后面绕回到宽的一侧；

c）将宽的一边绕过领口，从窄的一侧绕出来；

d）将宽的一边围绕窄的一边绕一圈，从领口绕出来；

e）让宽的一边从其最后环绕的圈中穿过；

f）拉紧、拉直，整理成型。

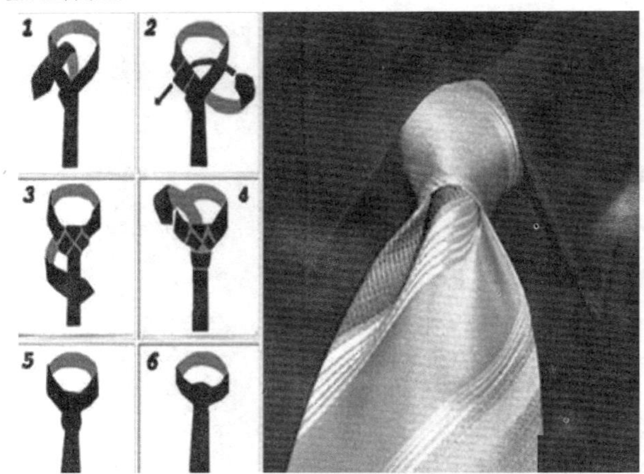

图 2-20　温莎结

6）十字结（半温莎型）。这种方法十分优雅及罕见，其打法也比较复杂。使用细款领带较容易上手，最适合搭配浪漫的尖领及标准式领口系列衬衫，正确打法如图 2-21 所示。

a）将领带绕于颈上，窄的一边保持在身体左侧，将宽的一边压向窄的一边；

b）在宽的一侧绕一圈；

c）宽的一边围着窄的一边绕一圈；

d）让宽的一边从其环绕的圈中穿过；

e）拉紧、拉直，整理成型。

十字结和温莎结的共同点是窄的一边一侧不动，宽的一边围着窄的一边绕，这样在打开时是活结而不是死结。

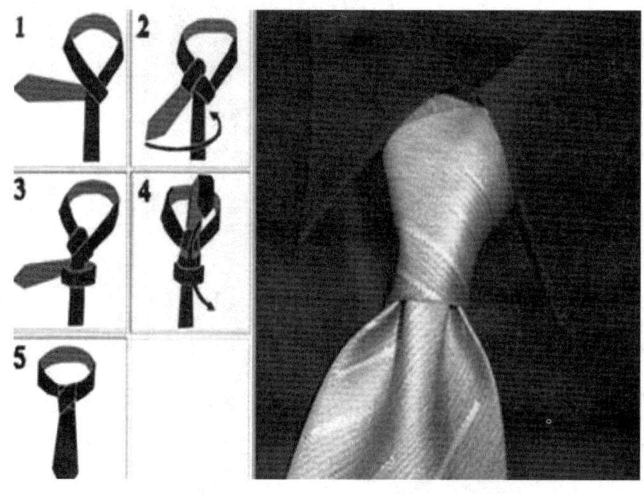

图 2-21　十字结（半温莎结）

（4）领带的佩饰。打领带时，可酌情使用领带佩饰。领带佩饰的作用是固定领带，其次是装饰。常见的领带佩饰有领带夹、领带针、领带棒。使用领带夹的正确位置是，衬衫从上朝下数的第四粒和第五粒纽扣之间。

（5）领带的长度。成人日常所用的领带，通常长 130~150cm。领带打好之后，外侧应略长于内侧。其标准长度应当是下端正好触及腰带扣的上端。不提倡在正式场合选用难以调节其长度的“一拉得”领带或“一套得”领带。

三、女士正装的穿着礼仪

1．套裙

西装套裙简称套裙，是指上装穿西装，下装为开衩直筒裙的组合搭配方式，是女士在正式场合常穿的服装之一。套裙把潇洒、刚健的西装上衣和柔美、雅致的裙子结合在一起，刚柔结合、相得益彰，突显出女性的神秘韵味，但是在穿着西装套裙时应该把握以下几种着装规范。

（1）面料。一般在正式场合穿着的套裙，应该由高档面料缝制，上衣和裙子一般要采用同一种质地、同一色彩的素色面料。衬衣一般要求轻薄而柔软，如真丝、麻纱都可以用作其面料。

（2）色彩。西装套裙应以冷色调为主，这样可以体现出着装者的典雅、端庄与稳重。一套西装套裙的全部颜色一般不要超过三种。

（3）尺寸。女士套裙一般上衣不宜过长，下裙不宜过短。

2．衬衫

白衬衫可说是职业装的最佳搭档，以高雅、清新的风格成为白领丽人的必备单品。它的魅力在于以不变应万变的百搭风格。利用不同色系的腰带或丝巾，使平淡的白衬衫增添一种青春亮丽的亲和感。

3．丝巾

常见的丝巾系法主要有以下三种：

（1）花朵型。具体折法如下：

1）将丝巾正面朝下平铺，对角相折。

2）提起一角折成来回 8cm 的 3 折，再把丝巾翻过来以同样的方法相折。

3）从中间处拿起丝巾对折，折成宽度约为 4cm 的 5 折，折好后用皮筋绑住花色较暗的一边。

4）将丝巾的花瓣慢慢打开，直接紧贴脖子佩戴，将皮筋藏好。

（2）百折花。具体折法如下：

1）丝巾正面朝下平铺，对折成长方形。

2）利用长边，来回对折成大约 5cm 的条状，开口边朝内并朝下。

3）直接佩戴于脖颈，皮筋绑绕固定，将百折部分展开，可适当将身体右侧折花压住左侧，使百折花成为一体。

（3）侧牛仔结。具体折法如下：

1）丝巾正面朝下平铺，对角相折，丝巾正面可略微覆盖下层。

2）底边向上折起宽度约为 5cm，正反折两次。

3）拇指按住两边提起丝巾，佩戴时先将丝巾三角在左前胸固定，三角正好覆盖在金扣下第一个暗扣，脖后打结地方暂时用手捏住，转到前面系成平结，最后再转回去整理好即可。

4．鞋、袜子

与套裙配套的鞋子，宜为皮鞋，且以黑色为标准色。切忌穿着颜色鲜艳的鞋子，黑色、灰色、米色、咖啡色等中性色，可与大多数颜色的服装相配，永远是女性上班族的最佳拍档。在严肃的工作场合中，露出脚趾的鞋款无疑会令你的公众形象大打折扣，在重要的正式场合是不能穿着凉鞋的。鞋子宜为高跟、半高跟的船式皮鞋或盖式皮鞋，民航服务业女员工鞋跟不超过 5cm。

袜子的颜色以肉色、黑色、浅灰、浅棕为最佳，最好是单色。鞋、裙的色彩必须略深于或等于袜子的色彩，并且鞋、袜的图案与装饰均不宜过多。要保证鞋袜完好无损，不可有破洞、勾丝的现象。长筒袜和连裤袜是套裙的标准搭配。鞋袜不可当众脱下，也不可以让鞋袜处于半脱状态，袜口不可暴露在外，或不穿袜子，这些都是公认的失礼的表现。

【知识链接】

女士的职业着装除了套裙之外，在一般的工作场合及社交场合还可以有多种选择，如连衣裙、长裤衬衫等。总体原则是体现出高雅、端庄、稳重的形象，应避免出现以下几种情况。

(1) 花色杂乱鲜艳。服饰的颜色过于鲜艳，图案太过复杂，装饰物过分耀眼，例如，衣服上缀满珠子亮片、过多使用蕾丝面料和鲜艳的大花面料等，这些极易给人造成不成熟、不专业的印象。

(2) 款式紧身暴露。女士在选择职业着装的款式时应注意身体的某些部位是不宜暴露的，通常要求不暴露胸部、腹部、肩部和大腿，因此不可选择无袖上衣、超短裙、露脐装、低领装

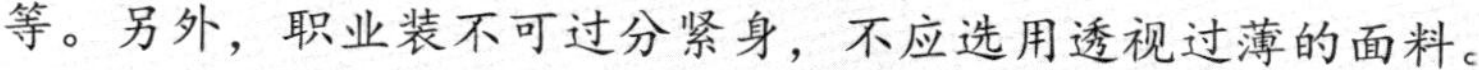

等。另外，职业装不可过分紧身，不应选用透视过薄的面料。

（3）佩饰闪耀繁多。选用适当的佩饰将对服饰起到点睛的作用，但不可过于繁杂、闪耀和过分奢华，否则将与职业女性的身份不相匹配。

四、饰品搭配

对于服饰而言，饰品起着辅助、烘托、陪衬、美化的作用。从审美的角度来看，它与服装、化妆一道被列为人们用以装饰、美化自身的三大方法之一。相较于服装，它常常起着画龙点睛的作用。

1．饰品佩戴的原则

佩戴饰品时应遵循以下几个原则：

（1）数量原则。在数量上以少为佳，佩戴时数量不超过三种，否则会给人凌乱之感，因此饰品选择要以简单为主。

（2）色彩原则。在色彩和质地上要力求同质同色，若同时佩戴两件或两件以上饰品时，首先应考虑饰品是不是同一种质地，如果不能保证同一种质地，那么在色彩上最好保持一致。

（3）身份原则。佩戴的首饰要符合自己的职业身份。过于昂贵、耀眼的饰品是不适合出现在工作场合的。

（4）习俗原则。佩戴饰品要与民族信仰、风俗习惯相吻合，更要注意考虑他人对饰品的禁忌。

（5）扬长避短原则。选择饰品时应充分考虑自身的特点，突出自身的优点，弥补自身的缺点，进而起到协调整体的效果。例如，圆形脸的人不宜选用圆形和方形耳环。

2．具体配饰要求

（1）戒指。戒指是一种饰品，又是吉祥物和生活变迁的标记。戒指的种类繁多，材质不一，有黄金、白金、银、钻石、玉等也有方形、板戒、圆形等，在选择戒指时，要结合自身的特点，尤其应与手指的形状相符。例如，手指较短小或骨节比较突出的女性，应戴比较细小的戒指，款式最好是非对称式的，以便分散他人对手指形状的注意力；手指修长纤细的女性，可选择粗线条的款式，如方戒、钻戒，这样可使手指显得更加秀气；手掌较大的女性，要注意戒指的分量不要过小。在社交场合，男士一般只应佩戴结婚戒指，如对戒、钻戒等，不应佩戴时尚的装饰性戒指；女士一般只戴一枚戒指，最多一手戴一枚。

（2）项链。项链种类繁多，除在舞会、宴会等场合与服装搭配时选用款式复杂的项链外，在一般的社交场合，通常选用款式简洁的项链。珍珠项链或简单吊坠的白金项链是职业女性最佳的选择。

佩戴项链时，可以利用项链的长短、粗细来调节视觉感受，起到锦上添花的作用。项链的长短应与脖子成反比，项链的粗细应与脖子成正比。另外项链的选择应考虑脸形的因素，通常，圆脸和方脸的人，可选用较长的项链，以起到调和脸形的作用；尖脸形的人，可选用细幅的项链，不宜过长。

（3）耳饰。耳饰有耳环、耳钉、耳链、耳坠等款式。在职业场合，不要佩戴造型款式夸张的耳饰，应该选择比较低调的耳钉或耳坠。佩戴耳饰时，必须成对使用，并且一只耳朵上只能佩戴一个耳饰，不能在一个耳朵上同时出现多个耳饰。另外，选择耳饰时应兼顾脸形，不要选择和脸形相似的耳饰造型，使得脸形的短处被强调夸大。

（4）手镯、手链。在职业场合，手镯、手链同样应选择简洁低调的款式。一只手腕不要同时佩戴多只手镯或手链，也不要既佩戴手表又佩戴手镯或手链。

（5）手表。职业人士佩戴手表一方面可准确把握时间，给人一种时间观念强、作风严谨的印象，另一方面手表也起到装饰的作用。在职业场合佩戴的手表，在造型上要庄重、正统，一般选择圆形、正方形、长方形和椭圆形为佳，切忌卡通、花朵、五角星等奇特造型；款式上要简单保守，不选用手链、手镯式手表，不可出现过多闪亮的装饰物；材质上最好选用金属材质，切不可选择塑料、橡胶、硅胶等材质；色彩上应选用单色或双色手表，要清晰高雅，黑色和银色手表是最理想的选择。在社交场合，特别是与人交谈时，不可过多地看手表，否则对方会认为你对交谈不耐烦，急于想结束。

（6）眼镜。一副质地优良、造型美观的眼镜既可以矫正视力、保护眼睛不受外来物的侵害，还可以调节人们的脸形，掩饰面部的缺陷，并与服装相融合，构成独特效果，给人们平添几分文雅的气质和风度，在职业场合眼镜是一种很重要的饰品。

人们在选择眼镜时，主要应考虑自身的脸形特点。方脸形的人，尤其是男士总是给人以粗犷刚毅之感，他们适宜于镜架较宽、镜片较大的方形眼镜，以强化稳健成熟的气质美；圆脸形的人，宜选择与眉毛齐平的平框、方形、中等大小眼镜，以方形来调节圆形脸，体现刚柔并济的美感，千万不可选择圆形眼镜，以免给人以大圆套小圆的感觉；长脸形的人，宜选择色调较深、不透明的宽边方形或圆形眼镜，造成眼镜上部脸庞的隔断效果，以调节脸形长度增加视觉美感；鼻梁细窄的人，宜选择较为透明的镜架；鼻梁宽扁的人则应选择深色镜架；鼻梁偏低的人适于高鼻架的镜架。

在职业场合，眼镜的选择应符合职业身份，简单大方。镜框的颜色通常选用黑色、银色或金色，不可选用红色、粉色、蓝色等时尚色;镜片的形状以长方形、椭圆形为佳，切不可选用正圆形；镜片的颜色应是透明色，有色的镜片不宜选用，禁止佩戴墨镜。

五、民航服务人员制服着装礼仪

1．民航制服穿着要求

制服在服务形象中发挥了重要的作用，穿着得体的制服，不仅可以体现出个人积极饱满的工作状态和礼仪修养水平，更是对服务对象的基本尊重和礼貌。民航制服一般分为春秋装、夏装、冬装，以满足不同季节的需求，不同岗位制服的设计充分体现了岗位的工作内容、特点和环境，在方便员工工作的同时又不失美观，展示企业特有的精神风貌。民航从业人员穿着制服时有以下几点要求：

（1）保持干净。穿着制服，必须努力使之保持干净的状态，必须无异味、无异物、无异色、无异迹。制服要及时更换和清洗，尤其要注意领口与袖口不能有污渍，与制服配套穿着的内衣、衬衫、鞋袜等也应定期进行换洗。

（2）保持平整。穿着制服，应注意保持制服的挺括、平整。为了防止制服产生褶皱，可适当采取一些小措施，例如：洗净之后的制服要熨烫平整；脱下来的制服不要随手乱放，应当叠好或垂直悬挂；穿着制服时，不乱靠、倚、坐，以防出现皱痕。

（3）保证无损。穿着制服前应检查制服是否有开线、磨毛、磨破、破损、纽扣丢失等现象，如发现应处理好之后再穿，并且不可露出缝补的痕迹，严重的破损需要更换制服。

（4）大小合适。制服的穿着讲究合体，过宽、过紧、过长、过短都将影响美观。选择制服尺寸时讲究“四长”，即袖至手腕、衣至虎口、裤至脚面、裙到膝盖；“四围”，即领围以插入一指大小为宜，上衣的胸围、腰围及裤裙的臀围以穿一套羊毛衣裤的松紧为宜。

【想一想】

小陈是某机场的值机工作人员。一天，她得了感冒，担心机场空调太凉会加重病情，于是上班时就在夏季制服上披了一件外套。休息期间，领导找到她，让她将外套取下，并告诉她今后要严格按照标准穿着制服，小陈觉得委屈，认为领导不近人情，没有考虑到员工的实际情况。

请分析小陈在制服外披外套的做法正确吗？她的委屈是否有理？

2．民航制服穿着规范

民航服务人员穿着制服要做到整齐、清洁、挺括、大方、美观、得体。具体应做到以下几点：

（1）穿衬衫时必须将衬衫下摆束入裙子或裤子里；

（2）长袖衬衣袖口不能卷起，袖口的纽扣要扣好；
（3）佩戴帽子时，帽子应戴在眉毛上方 1~2 指处；
（4）裤子应熨烫平整，不可将裤腿挽起；
（5）提供餐饮服务时穿戴围裙，并保持围裙整洁；
（6）穿着大衣时必须扣好纽扣、系好腰带；
（7）工作证佩戴在衬衫、制服的胸前侧，正面向外，必须使用企业配发的挂绳；
（8）衣、裤口袋不可放过多物品；
（9）皮带、裤腰不可挂手机、钥匙等物品；
（10）保持袜子无破损；
（11）穿着黑色工作皮鞋，保持皮鞋光亮无损。

3．饰物使用规范

民航服务人员在穿着制服时，应尽量减少饰品的使用，饰品款式应朴实端庄，有碍服务工作的和炫耀财力的饰物不戴。

（1）帽子。帽子应与相应服装配套，着春秋、冬装制服，送客时必须戴帽子。帽徽端正，正对鼻梁，帽檐不遮眉，在眉上方的 1～2 指处。

（2）姓名牌。民航服务人员应佩戴统一发放的工作名牌；姓名牌必须字迹清楚、无破损；穿着制服外套、马甲时必须佩戴名牌；名牌佩戴于左胸上侧，距肩线 15cm 居中。

（3）丝巾。丝巾是民航制服的重要装饰物，民航企业根据自身制服搭配相应的丝巾，使用丝巾时要保持丝巾干净平整、颜色鲜艳，丝巾的系法有企业规定的样式和标准。不允许出现丝巾褶皱、破烂、有污渍，佩戴方向错误、不整齐等状况。

（4）登机证。穿大衣时登机证挂在大衣领外，自然下垂，正面朝外。穿制服时，登机证挂在制服衬衫衣领内，自然下垂，正面朝外。

（5）手表。民航服务人员工作时可以佩戴一块款式简单、正统的手表。要求表盘有明显刻度，三针齐全，可选择金色或银色的金属材质表带或黑色、棕色的皮质表带，宽度不得超过 2cm。表盘不可过大。禁止佩戴怀表、电子表、卡通表、手镯式等新潮夸张的手表。

（6）耳饰。女性员工允许佩戴一副款式简单、直径不超过 3mm 的金或银耳钉，不可只在一只耳朵上佩戴，也不可在一只耳朵上同时佩戴多只耳钉，不得佩戴耳环、耳坠、耳链。男性员工禁止佩戴耳饰。

（7）戒指。民航服务人员工作时允许佩戴一枚款式简单且宽度镶嵌物的直径不超过 5mm 的戒指，并且只能佩戴在中指或无名指上。不允许佩戴花戒。

（8）项链。女性员工允许佩戴一条金或银、宽度不超过 3mm 的项链，项链上的坠饰物不可太过夸张，坠饰要放在衬衣里面。

（9）飞行箱包。飞行箱包包括小背包、小拉箱，执行任务时必须携带统一发放的男女乘务员箱包，如图 2-22 所示。箱包外不得有装饰物、贴画等。应保持箱包外观的清洁。小背包不得斜背于肩上。

图 2-22　飞机箱包

【学习评价】

序号	评价标准	分值	自评分	小组评分	教师评分
1	制服穿着符合标准	30 分			
2	衬衫干净	10 分			
3	领带/丝巾佩戴符合标准	10 分			
4	饰物佩戴符合标准	20 分			
5	鞋袜穿着符合标准	20 分			
6	胸牌佩戴符合标准	10 分			
合计		100 分			

【技能拓展训练】

每 5 个同学分为一个小组，然后以小组为单位，每个小组搜集一两个知名航空公司的各岗位制服，说明该航空公司制服设计的理念。

项目三　民航服务语言礼仪

【知识目标】

1. 理解民航服务语言的基本要求；
2. 了解民航服务的常用语；
3. 认识到倾听的重要性，掌握服务中倾听的技巧；
4. 掌握沟通的技巧；
5. 熟悉拨打电话和接听电话的礼仪；

【能力目标】

1. 能够根据不同对象、不同场合、不同情况正确地使用民航服务用语。
2. 能够运用倾听技巧、提问技巧和沟通技巧化解冲突。

【开篇案例】

截然不同的沟通结果

在一架航班上，乘务员认真进行起飞前安全检查，发现经济舱第一排旅客将电脑包随意摆放在脚边，火眼金睛的乘务员立刻指出："先生，这里不能放行李。"旅客抬头看了一眼乘务员，默默地将电脑包挪到自己脚下，并试图用脚挡住它。但这一举动还是没有得到乘务员的认可，"先生，这样也不行，经济舱第一排的区域都不能放行李。"乘务员犹如严厉的小学老师，一次次指出学生的错误，而此时的旅客早已失去了耐心，心中怒火就此点燃："到底要怎样，你们不是说小件行李可以放座位下面吗？这里不是下面啊？""是可以，但这是经济舱第一排……""那又怎样，你们强调第一排了么？"眼看一场无休止的争论就此爆发，乘务员觉得委屈：我是在执行安全规定，我没有做错。而旅客则觉得窝火：什么服务，什么态度，老是拿规定来教育我。随后一名资深乘务员走了过来说“抱歉，先生，您的电脑包恐怕不能放在这里，在紧急情况下它会影响到里侧旅客快速通行。”“哦，这样的啊，那我放脚下吧。”“先生，您一看就常坐飞机，对安全规定很了解。的确，小件行李是可以放在座位下前档杆区域，但是经济舱第一排比较特殊，没有前档杆，如果直接放在脚下，紧急情况会影响到您拿取救生衣哦。”这位先生的语气缓和下来：“有道理，那麻烦你帮我放行李架吧。”一场矛盾就此化解。

得体的语言往往能化干戈为玉帛。第一位乘务员沟通失败的原因是因为他只是简单地告诉旅客不应该这么做，当想说明为什么时却因旅客的反击而走入了沟通的死胡同。资深乘务员沟通成功的原因是她首先肯定了旅客对客舱安全规定有一定了解，在心理上解除了旅客的抵触情绪，让旅客愿意听下去。然后再清楚地说明了第一排的特殊性，关键是从旅客的自身安全角度出发告知行李放在脚下存在的隐患。因为是切实为旅客的安全考虑，最终获得了旅客的理解和配合。良好的沟通是一个双向的过程，它依赖于你能抓住听者的注意力，并正确地解释自己所掌握的信息。

任务一　民航服务工作语言规范

【任务导入】

机场因天气原因导致航班大面积延误，旅客出现不满情绪，不同的旅客有不同的表现，有些礼貌询问航班情况，有些脾气暴躁、态度恶劣，有些确有急事、十分着急；有些一味要求给予赔偿……

以10个同学为一组，每组选出3个民航服务人员角色，其余为旅客，模拟面对不同旅客时应如何用合适的服务语言进行沟通。

【知识准备】

语言是人际交往中最重要的沟通手段，具有不可替代的重要作用。民航服务工作必须运用好语言这个与旅客沟通和交流的重要工具，使用规范得体的服务语言达到传递信息、沟通情感、满足需求的效果。

一、民航服务语言的基本要求

民航服务人员在与旅客进行沟通时，其语言应注意以下几点：

1．清晰准确

服务语言首先要做到清晰准确，才能确保沟通的顺利进行。做到清晰准确要注意以下几点：

（1）发音标准。服务语言要求发音标准，吐字清晰，否则容易产生歧义。服务工作中通常应使用普通话，若旅客不会普通话，可适应旅客来使用方言或外语。

（2）语速适中。服务语言过快会影响旅客接收信息，同时给旅客造成应付了事的感觉；过慢会影响工作效率，同时让旅客觉得服务人员漫不经心。因此，服务语言应掌握好速度，快慢适中，同时根据旅客情况及环境因素进行调整。

（3）音量适当。轻声服务有助于创造舒适、安静的服务环境。因此，服务语言音量的大小以对方听得清为标准，切忌音量过大，不仅影响他人，还会给人造成缺乏职业素养的印象。

2．简洁易懂

服务语言要讲究效率，做到简洁易懂，让对方准确无误地听懂自己的话语。内容上要言简意赅，尽量使用短句，少使用长句，不模棱两可，不啰唆重复。使用通俗易懂的语言，避免咬文嚼字、矫揉造作，尽量少用工作上的专业术语。

3．把握分寸

服务人员在与旅客交流时要时刻注意把握好“度”，不可逾越服务关系。做到不议论时政，不谈论宗教等敏感话题，不涉及个人隐私，不随意闲聊家常。赞美旅客时要适度，以免显得热情过度。

4．处处有礼

服务语言的使用应以旅客为中心，处处尊重旅客，礼让旅客，要注意以下几点：

（1）语气亲切平和。语气直接体现着说话者的心态。服务工作中要始终保持亲切平和的语气，给人以友善、亲切、耐心的印象。遇到特殊情况时更要注意控制情绪，保持语气的平稳，从而体现出稳重的职业形象，增加旅客的信任度，不可慷慨激昂、歇斯底里。

（2）用词文雅。在交流中，服务人员要做到用词文明高雅，不可使用脏话、黑话、粗话、怪话、气话、荤话等。

（3）注意互动。服务人员在与旅客的沟通过程中不可一味在讲，应注意观察对方的表情、神态，根据实际情况调整讲话内容及方式，并适时停下让旅客表述观点。

（4）配合友好的体态语言。与旅客进行语言交流时应配合恰当、友好的体态语言，如眼神、微笑、表情、点头、手势等，这样可以达到更好的情感传递效果，但在使用时要同时注意规范和分寸，不可过度。

（5）以旅客为中心。在语言的使用上也应处处体现以旅客为中心的服务理念。服务语言尽量少用以我为中心的语句，把“我“改为“您”，一字之差，效果将会大大不同。例如，“我的看法是……”可改为“……您看这样如何？”

二、民航服务常用语

在为旅客服务时了解旅客，使用文明用语和礼貌用语与旅客进行有效沟通，可以使旅客在享受民航服务的同时，获得更大的心理满足，让旅客舒心、顺心、开心是服务语言要达到的最低标准。

1．民航服务基本用语

（1）“请”字开头。“请”是一种礼貌，更是一种姿态。当一个人对另一个人说“请”时，说明这个人已经将“尊贵”和“显赫”给予对方，表现了谦恭的姿态，而被“请”的人也将非常乐意为“请”字后面的行为努力，因为他体会到了尊重。所以，民航工作人员多用“请”这个美好的字来表达自己对旅客行为的希望和要求。

（2）“谢谢”结尾。“谢谢”就是在对方为自己做出一些善意言行以后，用自己的言辞所做的一种情感回报。“谢谢”有下列几种功能：一是表达自我情感。人们在接受别人的善意言行后，都会产生一种感激之情，情动于衷，发乎言辞。二是强化对方的好感。人际关系学认为，人际交往是一个互动的过程，一方的善意行为必然引起另一方的酬谢，而这种酬谢又将进一步使对方产生好感，并发出新的善意行为。三是调节双方距离。

（3）“对不起”不离口。民航许多员工，在对旅客说“对不起”时心存疑虑，怕一声“对不起”为自己找来不必要的麻烦。“对不起”不是责任的划分，只是服务人员对旅客歉意的表达。“对不起”不仅仅是一句客套，更是“旅客总是对的”的服务理念的体现。及时、到位的一声“对不起”，可以浇灭旅客因不满意的服务而生起的火焰，能够化干戈为玉帛，调节人际关系。

2. 称呼用语

民航服务工作中使用正确适当的称呼，既反映着自身的修养，又体现着对服务对象的重视和尊重。在服务工作中称呼他人时有以下几点要求。

（1）以“您”相称。在服务工作中，称呼服务对象时应使用“您”，而不能使用“你”，这是服务语言最基本的要求。

（2）“先生”“小姐”“女士”的正确使用。“先生”“小姐”“女士”是最通用，也是服务工作中最常用的称呼方式。对男性可一律称为“先生”；未婚的女性可称为“小姐”“女士”，已婚的女性可称为“夫人”“太太”，如不清楚对方的婚姻状况，可根据情况对于年轻的女性称为“小姐”，年纪稍大的称为“女士”。使用这类称呼时，可以带上对方的姓名，也可以只带上姓，但不能只带名而不带姓。

（3）多使用敬称。敬称的使用给人以高雅的感觉，是对对方充分尊重的体现。对于德高望重的老人可在对方的姓氏之后加“老”字相称，如“陈老”“钱老”等；称呼他人的亲属时可使用“尊”“贵”“令”“贤”，如“尊夫人”“令尊”等；必要时，可以使用职务、职称、职业作为称呼，如黄经理、王医生、刘教授等。

（4）准确识读对方的姓名。在服务工作中若需要使用对方的姓名，一定要确保发音准确。若不确定姓名准确的读音，切不可随意猜测，如果没有时间确认应该致歉后向对方询问正确的读法。

（5）恰当使用一些日常称呼。在服务工作中，恰到好处地使用一些日常称呼，可帮助拉近与旅客的关系。例如，对老人可称其为“大爷”“大妈”，对长辈可称为“阿姨”“叔叔”。这类称呼在服务工作中使用时必须要谨慎。

（6）切忌使用的称呼。在服务工作中以下几种称呼不适合使用：第一，亲昵的称呼，如亲爱的、宝贝儿等；第二，地域性的称呼，如大妹子、伙计等；第三，庸俗的称呼，如哥们儿、姐们儿等。

3. 推脱用语

在解释原因或者回绝对方时，一定要讲究方式方法。如果语言得体、态度友好，往往可以化干戈为玉帛；反之，如果拒绝过于冰冷、生硬，如“不知道”“不归我管”“问别人去”“爱找谁找谁去”，则令对方不快，甚至挑起矛盾。

（1）道歉式：“对不起”，“不可以……”等；

（2）转移式：“您要不……”“这件事我不是很清楚”“我可以帮您问一下值班经理”等；

（3）解释式：“我们这里规定，不能……”等。

在服务过程中，切忌直接的拒绝，应该尽最大可能满足旅客的需求。如果的确需要拒绝，

最好使用转移式、解释式推脱用语。

4．民航广播用语

民航广播用语是民航服务用语的重要组成部分，大多数旅客在接受民航服务时，更多的是通过机场或航空器上的广播词了解民航服务信息。因此，清晰、准确、亲切的民航广播用语是民航服务质量的基本要求。清晰是指广播词简单明了，表达的意思通俗易懂，播音员吐字清晰。准确是指广播词不能够给人以歧义，特别是涉及安全事项和旅客具体行程的广播词，更要准确无误。亲切是指广播的语气要亲和宜人，广播用语要多从旅客的角度表述，以人为本，善意地提醒旅客遵守或遵从民航安全和服务规范。

从民航服务的角度，民航广播用语通常包含以下几个方面：

（1）安全设备使用说明的广播用语。

（2）旅客广播用语。

（3）航班信息的广播用语。

（4）航空器起飞、降落的广播用语。

（5）供餐广播用语。

（6）航班不正常时向旅客致歉的广播用语。

（7）安抚旅客情绪的广播用语。

（8）寻找旅客的广播用语。

5．地勤服务窗口常用语

（1）您好，请出示您的身份证（或相关证件）和登机牌。

（2）对不起，您的证件与规定不符，我需要请示，请稍等。

（3）谢谢，请往里走。

（4）请把您的行李依次放在传送带上，请通过安全门（配以手势）。

（5）请稍等，请进。

（6）请各位旅客按次序排好队，准备好身份证件和登机牌，准备接受安全检查。

（7）请将您身上的香烟、钥匙等物品放入筐内。

（8）先生（小姐）对不起，安全门报警了，您需要接受手工检查。

（9）请摘下您的帽子。

（10）请转身，请抬起双臂。

（11）检查完毕，谢谢合作。

（12）请收好您的随身物品。

（13）对不起，请您打开这个包。

（14）对不起，这是违禁物品或限带物品，按规定不能带上飞机。

（15）对不起，水果刀您不能随身带上飞机，您可交送行人带回或办理托运。

（16）谢谢合作，祝您一路平安。

6．客舱服务常用语

客舱乘务员在进行客舱服务时，一定要用旅客熟悉的话语与之交谈，同时要注意用词的准确及礼仪，完整地表述服务意愿，不能够随意省略词语，以免引起歧义，甚至造成旅客不满。

（1）欢迎您乘坐××航空的班机。

（2）请出示您的登机牌。

（3）我来为您引座。

（4）请随我来。

（5）我帮您拿行李好吗？

（6）为了使飞机在起飞时保持配载平衡，请您按登机牌上的座位入座。

（7）这是呼唤铃，如果需要我们帮助，请按一下。

（8）请把您的箱子放在行李架内。

（9）您不能把行李放在这儿，我来协助您放到行李架内吧。

（10）由于机械故障，造成航班延误，我们深表歉意，现在机务人员正在对飞机进行仔细检查。

（11）由于航路交通拥挤，我们要等待通行许可（才能起飞）。

（12）由于地面有雾，本次班机将延误约两小时。

（13）请您回到您座位上，飞机马上要起飞了。

（14）请在安全带信号灯关闭前坐在座位上，系好安全带。

（15）飞机马上要起飞了，请不要在客舱内走动。

（16）为确保飞行和通信系统的正常运作，请您不要使用手提电脑/激光唱机/调频收音机/手机等电子设备。

（17）对不起，让您久等了。

（18）请您配合一下不要把行李放在紧急出口旁边。您可以把它放在行李架上。

（19）对不起，请回到座位上，飞机马上起飞，洗手间暂时停用。

（20）起飞后您可以使用手提电脑，但在起飞和下降时请关闭。

（21）几分钟之后我们将提供饮料（快餐、餐食），请放下您前面的桌板。

（22）我们的机长完全有能力有信心安全着陆。我们所有的机组人员都受过专业的训练，请听从我们的指挥。

【学习评价】

序号	评价标准	分值	自评分	小组评分	教师评分
1	了解民航服务语言的基本要求	20 分			
2	熟悉民航服务的常用语	20 分			
3	能应用合适的服务语言应对旅客投诉	60 分			
合计		100 分			

【技能拓展训练】

交谈能力测试。

1．你时常避免表达自己的真实感受，因为你认为别人根本不会理解你？（　　）

A．肯定　　B．有时

C．否定

2．你是否觉得需要有自己的时间、空间，一个人静静地独处才能保持头脑清醒？（　　）

A．肯定　　B．有时

C．否定

3．与一大群人或朋友在一起时，你时常感到孤寂或失落？（　　）

A．肯定　　B．有时

C．否定

4．当一些你与之交往不深的人对你倾诉他的生平遭遇以求同情时，你是否会觉得厌烦甚至直接表现出这种情绪？（　　）

A．肯定　　B．有时

C．否定

5．当有人与你交谈或对你讲解一些事情时，你是否时常觉得百无聊赖，很难聚精会神地听下去？（　　）

A．肯定　　B．有时

C．否定

6．你是否只会对那些相处长久，认为绝对可靠的朋友才吐露自己的心事与秘密？（　　）

A．肯定　　B．有时

C．否定

7．在与一群人交谈时，你是否经常发现自己控制不住自己的思路，常常表现得注意力涣散，不断走神？（　　）

A．肯定　　B．有时

C. 否定

8. 别人问你一些复杂的事，你时常觉得跟他多谈尤如对牛弹琴？（　　）

A. 肯定　　B. 有时

C. 否定

9. 你是否觉得那些过于喜爱出风头的人是肤浅和不诚恳的？（　　）

A. 肯定　　B. 有时

C. 否定

评测标准：

选 A 记 3 分；选 B 记 2 分；选 C 记 1 分

诊断结果：

9～14 分：你很善于与人交谈，因为你是一个爱交际的人。

15～21 分：你比较喜欢与人交谈。假如你与对方不太熟，刚开始可能比较少言寡语，可一旦你们熟起来，你的话匣子就再也关不上了。

22～27 分：你一般情况下不愿与人交谈，只有在非常必要的情况下，才会与人交谈。你比较喜欢一个人的世界。

任务二　民航服务语言表达技巧

【任务导入】

旅客陈小姐乘坐飞机时带了一只宠物狗到值机柜台进行托运，工作人员询问后发现陈小姐的宠物狗并未开具相关的健康证明，无法托运。请模拟这一场景，组织合适的语言向陈小姐进行解释，采用恰当的方式进行拒绝。三个人为一组，一个人扮演陈小姐角色，两个人扮演民航服务人员。

【知识准备】

一、倾听的技巧

倾听是一种情感活动，也是一种能力，更是一门艺术。在服务工作中，倾听往往比讲话更

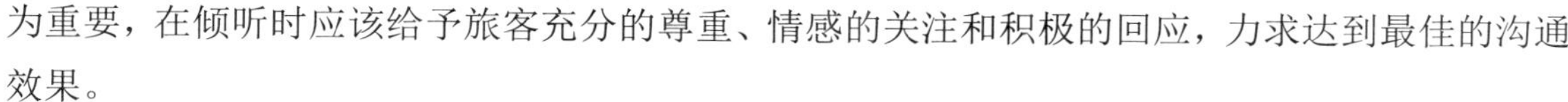

为重要，在倾听时应该给予旅客充分的尊重、情感的关注和积极的回应，力求达到最佳的沟通效果。

1. 服务中倾听的重要性

（1）倾听是获取需求最简捷的途径。针对需求提供服务是提高服务效率的关键所在，认真倾听是获取需求最直接、最简单的方式，服务人员应用耳、用心、用眼“倾听”旅客的话语，从中识别出旅客的准确需求和潜在需求。

（2）倾听是对旅客表示尊重的有效方式。认真倾听旅客讲话，会让旅客产生被重视、被关注的感觉。

（3）倾听可以给旅客留下良好的印象。倾听是一个人素质的体现，专注地倾听旅客讲话，能使对方对你产生信赖和好感，拉近双方的距离，便于服务工作的开展。

（4）倾听满足了旅客倾诉不满的需要。旅客在遇到不满时往往希望有人能够听其抱怨与倾诉。旅客的倾诉就是情绪的发泄，以正确的态度倾听旅客的抱怨是解决不满的关键步骤。

2. 服务中有效倾听的要求

服务工作中有效倾听要争取做到以下三点：

（1）能听懂：听清字句。倾听首先要做到听懂对方说的每一句话每一个字，不能有遗漏。若未能听懂对方的话语，应礼貌询问直至清楚为止，切不可凭自己的经验来猜测对方讲话的内容。

（2）能听音：听话外之音。倾听时除了听清说话的内容外，还应该注意倾听对方说话的语速、音量、语气以及语言的表达方式，这些都可能会传递出旅客的情感及需求。

（3）能观势：看神情态势。倾听的同时要注意，观察说话者的表情、动作，看出旅客省略的和没有表达出来的内容或潜在的需求。

3. 服务中的倾听技巧

（1）专心倾听。倾听旅客讲话时应全神贯注，尽量消除外在和内在的干扰因素，创造一个舒适的环境并保持良好的身心状态。专心倾听要让旅客知道，使得旅客感受到被重视。在倾听的过程中应与旅客保持视线接触，身体稍稍向前倾，不可出现心不在焉的行为，例如东张西望、常看手表、随手把玩物品等。

（2）不随意打断对方的讲话。让对方把话说完，不随意插话，是对对方的基本尊重。特别当旅客在表达不满时，千万不要随意打断进行解释，应该让旅客将不满倾诉完再进行相应的解释，因为这时打断对方会更加激化不满情绪。

（3）适时地认同对方。服务中应带着同理心进行倾听，对对方的情感做到感同身受。因此，在倾听过程中，应适当地认同对方，可使用点头、微笑等表情或认同的话语，如“我非常理解您现在的感受”“对的，是这样的”“我们之前也收到过类似的建议”这真是个不错的主意”等。

（4）做必要的记录。通常，人们对瞬时记忆的保持能力是有限的，必要时应该在倾听时做好记录。做记录的好处在于，一方面，可以帮助记忆，确保内容准确无遗漏；另一方面，通过记录，给讲话者一种重视其讲话内容的印象，当停笔抬头望向讲话者时，又会对其产生一种鼓励其继续讲下去的作用。

（5）确认理解一致。在倾听过程中，应对旅客所说的内容进行总结陈述，对不清楚的部分进行询问或请求旅客解释，以确保理解一致。常用的表达方式有“刚才您说的是……，我理解的对吗？”“我跟您确认一下信息，……，对吗？”“我重复一下您的信息，麻烦您确认是否有误……”“您刚才提到的……，麻烦您能再具体一些吗？”等。

（6）将听与判断分开。倾听的过程中不要急于做出判断，这时候得出的结论往往是不够准确和全面的。应耐心听完完整的内容，了解完所有的细节，再进行相应的反馈。

【课堂案例】

某航班上，有两位老人，一位五六十岁，一位七八十岁，他们的脸上都挂着不悦的表情，也没坐在一排。坐在前排的老大爷虽然气鼓鼓的，但仍不时地用关切的眼神望着老奶奶。乘务员上前扶老奶奶坐下，主动到老大爷身旁，蹲下与他交谈。老大爷小声说，那位老奶奶是他的老母亲，快九十岁了。他刚离休，想把老母亲接到自己家养老，不料路上因一点小事与母亲拌了嘴，都不说话了。了解了这一切，乘务员对老大爷说：“大爷，您放心吧，老奶奶就交给我照顾吧。”一路上，乘务员为老奶奶盖上了毛毯并说：“老奶奶，您的儿子怕您冷，让我给您盖上。”老奶奶愣了一下，笑了笑。乘务员又为老奶奶送上一杯温水，说：“老奶奶，您儿子怕您喝不惯那些甜酸的饮料，让我给您拿杯温水来。”“老奶奶，这是您的儿子为您特订的素食餐，味道好吗？”……一路上乘务员忙完正常的服务就去照顾老奶奶，老奶奶也渐渐地高兴起来，说：“姑娘，你咋对奶奶这么好呢？”乘务员说：“老奶奶，您啊，有一位孝顺的儿子，是他让我来专门照顾您的，您真有福气，让人多羡慕啊。”飞机还没到达，老大爷就已经坐到母亲身旁了，看到他们有说有笑的样子，乘务员由衷地祝福两位老人能永远健康长寿。

分析：在这种情况下，乘务员应是一名调节员，耐心传递爱的信息，有效地架起乘客之间沟通的桥梁。

二、提问的技巧

提问是服务语言的一项重要内容，在服务工作中要巧妙地运用提问这一方式，做到问得其所，问到所需。

1．服务中提问的作用

（1）获取所需的信息。提问是获取信息最直接的方式，例如“请问您的航班是从哪里到哪里的呢？”“您对我们的处理是否满意呢?”“请问您具体指的是哪个方面呢？”等。这类问题很有针对性，往往有一个典型的、常见的引导词，如“什么”“谁”“什么时候”“是不是”“怎么”“会不会”等。

（2）表示对对方的重视。“您看这样处理您能接受吗？”“这样的方式您还满意吗？”“不知您是否觉得合适?”等这类征询用语在服务语言中常被用在句末，以体现对旅客的重视，将主动权留给旅客。另外，一些服务性的提问也同样表示了对旅客的尊重，例如，见到旅客时主动询问“请问有什么可以帮到您的？”，服务完成后还应再次询问“请问还有什么需要我帮忙的吗？”。

（3）鼓励对方继续讲话。当你觉得对方的话还没有说完，或者有些问题你还不清楚，那么，可以提问的形式鼓励对方继续讲下去。例如“就这个问题，您还有什么想法吗？”“您能将这个细节描述得再详细一些吗？”等，进而了解更详细的情况。

（4）确认是否理解正确。如果对对方话语的含义没有十足的把握，可用提问的方式进行确认，例如“刚才您说的是……，我理解的对吗？”“您的意思是……，对吗?”等。使用提问的方式进行确认，比让对方复述更为妥当。

（5）传递信息。有些问题表面上看起来似乎是为了取得自己希望的消息或答案，但事实上，却同时把自己的感受或已知的信息传达给了对方。例如：“您确定这是您本人的证件吗?”这句问话表面上看是在向对方确认，但同时也向对方传递了问话人对此有所疑问。这类问题会给对方一定压力，在服务中要慎重使用。

（6）得出结论。提问还可用来得出结论，结束话题。例如，“好的，我明白您的意思了，您需要……，是吗?”

2．服务中提问的技巧

（1）运用封闭式的提问方式快速获取特定信息。封闭式的提问指的是答案具有唯一性或范围有限的问题。封闭式的提问有两种方式：第一，提问时给对方一个范围，让其在可选的几个答案中进行选择，类似选择题，例如，“请问您需要咖啡、茶水还是可乐？”；第二，让对方用“是”或者“不是”“有”或者“没有”“对”或者“不对”等这类简单词语来作答的提问，例如，“请问您的行李内是否有易碎物品？”

封闭式的提问是服务中较为常用的提问方式，它能够让对方按照指定的思路去回答问题，快速准确地获取所要的答案，方便服务工作的开展。需要注意的是封闭式提问不适宜连续进行，否则会让旅客觉得被动、约束，产生被审问的感觉。

（2）运用开放式的提问方式获取详细的信息。开放式的提问指的是对答案内容限制不严格，范围较大，给对方以充分发挥空间的问题。常用的关键词有“什么”“怎样”“为什么”“如何”等，例如“您对我们有什么建议吗？”等。

开放式的提问在服务中通常用于征询建议、解决矛盾、处理投诉的场合。它能够让对方对有关的问题、事件给予较为详细的反映，引导对方讲出更多相关的情况和想表达的想法、情绪。

（3）不问与工作无关的问题。一般情况下，在服务工作中不应涉及与工作无关的话题，特别注意不应该提问有关对方个人生活、工作的问题，例如年龄、收入、工作单位、婚姻状况等。

三、沟通的技巧

1. 有效沟通的态度

每个人在沟通过程中，由于信任的程度不同，所采取的态度也不一样。如果你没有一个端正、良好的态度，那么沟通的效果肯定是不好的。在沟通过程中，根据果敢性和合作性的不同，分为五种态度。请注意，态度决定一切。如果态度问题没有解决，沟通的效果就不会好。

（1）强迫性的态度。强迫性态度，果敢性非常强，却缺乏合作的精神。在工作和生活中，确实有这样的情况，如父母对小孩子、上级对下级，在这种强迫的态度下，沟通实际上不容易达成一个共同的协议。在民航服务中，如果旅客的行为威胁到民航飞行安全、旅客生命财产安全和民航员工生命、民航财产安全的紧急情况时，面对不合作的旅客，必须用强迫的态度与之沟通。

（2）回避性的态度。在沟通中既不果断地下决定，也不和你主动去合作，那么这样一种态度叫回避的态度。他总是回避着你，不愿意与你沟通，不愿意下决定，所以得不到一个良好的沟通结果。

（3）迁就性的态度。具有迁就态度的人虽然果敢性非常弱，但是他却能与你合作，你说什么他都会表示同意，那么在平时工作生活中，你有没有遇到对方采取的是一种迁就的态度？通常下级对上级往往会采取一种迁就态度。当你与下级沟通的时候，你要注意：他的态度是否发生了问题，采取的是不是迁就态度。如果是，那么沟通就失去了意义，得不到一个正确的反馈。在父母和小孩沟通的时候，小孩也可能迁就地说好、行，因为一方有权力，另一方没有权力。

（4）折中性态度。折中性的态度果敢性有一些，合作性也有一些，非常的圆滑。旅客是我们的衣食父母，他们对我们是有权力的，同样旅客也是中国民航生存的基础，我们要尊重我们的旅客。因此，正常的民航服务应该用合作，甚至适当迁就的态度进行沟通。

（5）合作性态度。合作性在沟通过程中，需要有一个正确的态度：既要有一定的果敢性勇于承担责任、下决定，同时又要有合作性，这样的态度才是合作性的态度，才能产生共同的协议。

2．有效反馈

反馈有两种：一种是正面的反馈，另一种是建设性的反馈。

正面的反馈就是对对方做得好的事情予以表彰，希望好的行为再次出现。建设性的反馈就是在别人做得不足的地方，你给他一个建议。请大家注意建设性的反馈是一种建议，而不是一种批评，这是非常重要的。

反馈有正面的和建设性的两种，那么有没有负面的呢？在工作中，我们也会经常接收到这样一种，说你做的事情没有做好等打击你自信心的反馈。那么，在接收的过程中，我们的心情会是怎样的呢？当然是不愉快。这样的反馈你接收完了以后不仅没有帮助，反而给你带来了很多负面的影响。所以只有正面的反馈和建设性的反馈，没有负面的反馈这个定义。在沟通过程中，没有反馈的信息，沟通就不完善，因为信息传递过去了却没有返回，是一种单向的行为。所以说，没有反馈就不能称为完整的沟通。反馈，就是给对方一个建议，目的是帮助对方，把工作做得更好。

在反馈的过程中，我们一定要注意有的情况并不是反馈：第一，反馈是你给对方的建议，为了使他做得更好，而不是指出对方做得正确或者是错误的地方。第二，对于他人言行的解释，也不是反馈。例如，我明白你的意思，你的意思是什么—这不是反馈，这是聆听的一种。第三，对于将来的建议。对于未来的建议也不是反馈。反馈就是对刚才你接收到的这些信息给对方一个建议，目的是使他做得更好。

【礼仪故事】

某国际航班上，乘务组解决了一个发生在日本与英国旅客间的“小冲突”。

该航班头等舱28个座位，坐了25名旅客。飞机起飞后大约30分钟，坐在2排A座位的日本籍旅客想从座位上起身出来。谁知一不小心，撞翻了小桌板。桌上的茶水、啤酒一股脑地全洒在了他旁边英国旅客的裤子上，整个裤腿全湿了。

这位英国旅客大概准备去参加一个重要的约会，身着正式的西装衬衣和西裤。一看这情景，他"腾"的一下站起来。日本旅客连忙道歉，然而两人一个用英语，一个用日语，根本没法沟通，这使得英国旅客非常生气。这时，头等舱乘务员忙上前来缓解旅客的情绪。同时，她们轮换着为英国旅客擦拭着裤腿上的水迹。到飞机快要降落时，英国旅客的裤腿经过反复擦拭，渐渐干了，可是他一直闷闷不乐，不吃不喝，也不说话。

这时，乘务长从挂衣间里拿出英国旅客上飞机时穿的上身西装，半认真半开玩笑地对他说："Excuse me，Sir．This is a Dry Suit。"（"对不起，先生，这是一件干的衣服。"）为湿裤腿烦恼了一路的英国旅客，听到这话，终于忍不住笑了，他热情地拥抱了乘务长，那位日本旅客也感激地握住了乘务长的手。

【学习评价】

序号	评价标准	分值	自评分	小组评分	教师评分
1	掌握倾听技巧	20分			
2	掌握提问技巧	20分			
3	掌握沟通技巧	20分			
4	能采用恰当的方式拒绝陈小姐	40分			
合计		100分			

【技能拓展训练】

旅行团上了飞机。其中一位老人看到自己座位上方行李架上放满了东西（机载应急设备），就将行李架上的防烟面罩连同套子拿下，放在地板上，将自己的行李放在该应急设备的位置上。乘务员发现后，未调查设备移动的原因，就直接报告乘务长，且报告内容过于简单，造成乘务长判断失误，认为情况失控。乘务长未再次确认就汇报给机长，机长接到报告后通报地面处理，最后该旅行团导游被带下飞机，造成航班延误52分钟。

4人一组模拟以上场景，其他同学进行观摩，表演结束后，由同学们点评各组同学采用的沟通方式是否恰当，应如何处理此类问题。

项目四　民航岗位服务礼仪

【知识目标】

1．熟悉值机岗位主要工作内容的礼仪规范；

2．熟悉候机楼现场问询的礼仪规范；

3．熟悉安检岗位主要工作内容的礼仪规范；

4．熟悉客舱服务主要工作内容的礼仪规范。

【能力目标】

1．能按照服务礼仪规范要求，流畅地完成地面岗位服务工作；

2．能按照服务礼仪规范要求，流畅地完成客舱岗位服务工作。

【开篇案例】

光学原理巧运用

在上海飞南宁的航班上，乘务员在回收垃圾时，一名老年旅客十分焦急地对乘务员说："我的一副老花眼镜找不到了，可能是放在了刚才吃好的点心盒里，被你们收走了。"乘务员一边安抚他焦急的情绪，一边立即翻找回收的点心盒，但没有任何发现。乘务长了解情况后，耐心地询问老人眼镜的具体情况，包括眼镜的颜色、用餐时的状况，帮助该旅客回忆起事前的情景，以便获得更多的线索。为了能够更细致地寻找，乘务长对组员进行了分工，安排一名乘务员检查该旅客座位周围的地面，包括前后左右的座位；乘务长和另一名乘务员则再次对经济舱回收的点心盒进行翻查。为了避免遗漏，她们戴上一次性手套，双手伸入垃圾袋中，一个个打开点心盒，逐一寻找，仍然没有找到这副眼镜。乘务长带着遗憾来到该旅客身边，告诉他眼镜未能找到，旅客目睹了乘务员们认真仔细搜寻的全过程，表示已经非常感激，找不到就算了。但没了眼镜，老人看报成了难题。乘务长灵机一动，拿来一张旅客意见卡，用圆珠笔在意见卡上面戳了一个小洞，利用光的衍射原理，试着让旅客通过这个卡上的小洞看报纸。旅客将信将疑地拿过意见卡一看，果然报纸上的字清晰起来，转过身对乘务长竖起了大拇指，原本焦虑的脸上露出了放松的笑容，连声说“谢谢!”

老花镜遗失心焦急，乘务长妙法解难题！当旅客丢失东西时，乘务员虽然没有帮他找回的义务，但为了不让旅客留有遗憾，乘务员还是尽力去帮助旅客。当找寻未果，乘务长急旅客之所急，巧妙运用光学原理，自制了老花镜的简易替代品，一番巧心思解了旅客的一时之急。虽然乘务员这么做会给自己增添一定的工作负担，但旅客的满意和赞扬却让他们在劳累中品尝到无限的快乐。

任务一　民航客舱服务礼仪

【任务导入】

以 15 个学生为一组，选出 6 个为航空服务人员，其余为旅客，根据以下场景，进行客舱服务岗位服务礼仪的训练。

场景一：乘务员站在客舱，门口迎接旅客，一位旅客询问自己的座位在哪，乘务员接过登机牌，看完后为其指示方向。

场景二：乘务员进行客舱巡视，进行起飞前的安全检查，见到旅客未系好安全带，对旅客进行提醒。旅客向其咨询飞行时间，乘务员停下回答。期间和旅客及其他乘务员在通道交汇。

场景三：乘务员帮助旅客放置、提取行李，检查行李架是否关好。

场景四：乘务员提供报纸杂志服务，为需要的旅客递送报纸杂志，其中一位旅客想要的报纸分发完了。

场景五：乘务员提供餐饮服务，按照旅客的要求提供不同的饮品和餐食，待旅客用餐完毕后、回收餐具。

【知识准备】

飞机客舱服务是民航运输服务的核心部分，它直接影响旅客对航空公司的服务质量的评价。乘务员作为客舱服务的提供者，直接与旅客接触，对航空服务质量起到决定性的作用。乘务员的主要工作内容包括履行客舱安全职责和客舱服务两部分，以确保旅客旅途中的安全与舒适。

一、客舱迎送礼仪

旅客乘机过程的开始和结束阶段对于旅客的乘机体验至关重要。因此，旅客登机时和旅客离机时，乘务员应在客舱门口及客舱内迎送旅客，展示出良好的职业形象，给旅客带来亲切、热情、友好的印象。

1. 仪容仪表整理

在接到旅客即将登机的通知后，乘务员应迅速整理仪容仪表，乘务员之间可互相检查整理。检查的内容主要如下：第一，头发是否整齐；第二，妆容有无残损；第三，制服穿着是否标准；第四，丝袜有无破损；第五，鞋面是否干净；第六，双手是否干净。如发现有不妥之处，应快速进行改善。

仪容仪表整理完毕后，乘务员按照各自的岗位，站于指定的位置，准备迎接旅客。

2. 站姿与站位

乘务员保持规范站姿站立迎送旅客，女性乘务员采用前腹式站姿，男性乘务员采用垂臂式或前腹式站姿。舱门的乘务员应站在乘务员座席一侧，同旅客成45°角。

3. 舒心的问候

（1）问候要积极主动。乘务人员向旅客问候一定要积极主动，这是职业和礼貌的要求，也会让乘务人员在此后的谈话交流和服务中取得主动。如果问候不主动，有可能因为旅客的走动、接听电话、与他人交流而错过问候旅客的时机。此外，如果旅客先于自己问候，乘务人员一定要反过来问候旅客，不能没有反应。

（2）问候声音要清晰、洪亮且柔和。乘务人员问候旅客时，首先声音要洪亮，确保旅客能听得见。特别是在早晨、午后、傍晚旅客神经尚未完全兴奋时，大声地问候会使旅客感到兴奋，也使旅客对其有鲜明突出的印象，有利于服务气氛的开朗、活跃。

乘务人员问候旅客时，还要语言清晰。无论是中文还是英文，要求发音准确，吐词清晰，确保旅客听得清楚，不要含糊不清，也不要语速太快，更不要应付了事，否则就达不到问候的目的。

乘务人员问候旅客时，还要语气柔和，确保旅客听得舒服。语气生硬，便失去了热情友好以及和善的态度，不仅使问候成了多余，甚至会起到相反效果。

（3）问候要注意人物、时间及乘机状况。旅客的情况千差万别，他们身份不同、目的不同，所以绝不可千篇一律的问候。例如，对于行李过多的旅客，可以说“欢迎登机，我来帮你吧”；对于匆匆赶来的旅客，可以说“你好，请不要着急，飞机还要等一会儿才起飞”；对于生病的旅客，可以说“请不要担心，我们会尽力照顾你的”等，这些都是非常得体的问候。相反，如果对一个悲伤的人说“你好”，对一个外籍旅客说“你吃了吗？”等，则是不合适的问候。

4. 规范的手势

迎送旅客时需要使用服务手势的情况主要有三种：

（1）递接旅客的登机牌。当旅客递过登机牌时，乘务员应双手接过，迅速查看座位信息后双手交还给旅客，同时告诉旅客座位的大体位置。

（2）为旅客引导指示方位。通常采用横摆式的手势为旅客指示行进方位，必要时应带领其入座。

（3）为旅客指示座位。为旅客指示座位时，单手从体侧抬起，目光应跟随手指示的方向，同时以语言告知旅客座位的具体方位。

5. 行李架操作规范

乘务员应帮助有困难的旅客放置和提取行李，飞机起飞和降落前进行安全检查时需检查行李架是否关闭稳妥，以下是操作行李架的规范：

（1）进行客舱安全检查时，乘务员在走动的同时，采用单臂侧身检查行李架的方式。

（2）打开或关闭行李架时，身体面向行李架，一手打开行李架开关并向上抬起，一手挡在行李架下方，避免行李滑落砸伤旅客，切不可一只手操作行李架。必要时可采用踮脚的方式来增加身体的高度，注意保持整体姿态的优雅。打开或关闭行李架的动作不可用力过大，以免发出巨大声响惊吓到旅客。

（3）放置和提取行李物品时，身体面向行李架，用双臂托举或取下物品。对待旅客的行李应轻拿轻放，正面朝上，整齐摆放。

二、客舱巡视礼仪

客舱巡视是客舱服务的例行程序，通过客舱巡视，乘务员可及时发现问题并予以解决，以确保给旅客提供安全、舒适的乘机体验。

1. 客舱巡视内容

乘务员在进行客舱巡视时主要关注三个方面的问题：第一，客舱安全，在飞机起飞前以及飞机降落前，乘务员都要进行例行的客舱安全检查，查看旅客是否系好安全带、收起小桌板、打开遮阳板、关闭手机及电子设备等；第二，旅客状况，乘务员在飞行过程中应定时巡视客舱，观察旅客情况，及时提供周到细致的服务，例如，为睡着的旅客关闭阅读灯，询问老人、孕妇等特殊旅客是否需要帮助等；第三，客舱环境，乘务员在巡视客舱时要注意散落在过道里的一些垃圾，及时处理避免造成通道堵塞。餐后巡视客舱时，应拿着托盘，收拾旅客的餐盒、杯子等。

2. 客舱巡视礼仪规范

（1）乘务员在客舱巡视时应面带微笑，步伐轻缓。

（2）行走过程中，女性乘务员双手轻放于腰部，手腕微向上抬，双臂微收；男乘务员双臂自然下垂。

（3）巡视过程中，乘务员的目光应关注自身前方左右两侧座位大约 5 排的范围，以正视的目光与旅客交流，同时用微笑和点头的方式向旅客表示问候。

（4）在客舱通道与旅客相遇时，首先应礼貌点头问候“您好”，之后站在一侧，背向通道，让旅客先行通过，手的姿态保持不变。若旁边座位没有旅客，可退到座位处，面向旅客，让旅客先行通过。与其他乘务员交汇时，双方应以背靠背的方式通过。

三、书报杂志服务礼仪

1. 手持报纸杂志的操作规范

（1）手持报纸时，将每份报纸折叠后整齐摆好，相同的报纸在一起，不同的报纸应露出刊头依次层叠。

（2）杂志应每本分开排列成扇形持于手中。

（3）手持报纸杂志应左手四指并拢，掌心向上托住报纸或杂志的底部，拇指放于里侧，使报纸杂志大约 45° 立起以方便旅客查阅，右手并拢扶在报纸杂志的右上角。

（4）手持报纸杂志在客舱行走时，步伐应缓慢，面带微笑，礼貌询问：“请问需要报纸杂志吗？”若有旅客需要，应马上停下为其提供。

2．递送报纸杂志的操作规范

（1）乘务员应侧身45°面向旅客站立，身体微向前倾，眼神注视旅客，将报纸杂志展示给旅客并礼貌询问：“我们为您准备了《中国民航报》《人民日报》《广州日报》，请问您需要哪一种？”

（2）取报纸杂志时若是最外侧的可直接取出，若是内侧的应用右手的拇指和食指捏住报纸的一边，沿着边缘至上角，翻手掌将其取出。

（3）将报纸杂志递给旅客时应用右手，拇指在上，四指并拢在下，刊头在上对着旅客。

（4）若旅客需要的报纸杂志已发放完，应向旅客致歉并提供其他选择：“对不起，暂时没有您需要的杂志了，您看这些杂志里有您想看的吗？”或记下旅客座位号待其他旅客阅读完后为其送来：“对不起，暂时没有这份报纸了，等其他旅客看完后我马上给您送一份来，您看可以吗？”

四、客舱送餐服务礼仪

1．推拉餐车的操作规范

（1）推餐车时，双手五指并拢扶在餐车上方两侧，双臂不可撑在餐车上。

（2）拉餐车时，双手握拳拉在餐车上方凹槽处，拇指不外露。

（3）推动餐车前进时应把握好方向，速度适宜，注意不要碰到旅客的脚和座椅的扶手。

（4）倒拉餐车的乘务员应控制好步伐，注意身后是否有障碍物。

2．托盘的使用规范

（1）端托盘时，大小臂呈90°，拇指扶着托盘的外沿，四指并拢托住盘子的底部，竖着端托盘。

（2）乘务员持空托盘时，拇指置于托盘的盘面，四指并拢置于托盘的底部，抓紧托盘，将托盘面朝内，与地面垂直，自然竖直放于体侧。

3．提供饮品的服务规范

（1）提供饮品时应先询问旅客。乘务员侧身45°面向旅客，身体略向前倾，面带微笑，目光注视旅客：“您好，这里有咖啡、橙汁、可乐、矿泉水，请问您喜欢什么？”

（2）从餐车上取下杯子，手持杯子底部。

（3）倒饮品时，上身略向前倾，夹紧手臂，杯子倾斜45°，通常倒至杯子的2/3处。给儿童旅客倒饮品时，倒杯子的1/2处。

（4）将饮品递送给旅客时，最好用双手递送，或者用左手递送给左侧的旅客，右手递送给右侧的旅客（机头方向，机尾方向相反）。按照从前到后，从里到外的顺序进行。

（5）可将饮品递给旅客或放置在小桌板上，动作要稳，并配合合适的语言："您好，这是您的咖啡/橙汁/可乐/矿泉水，请慢用。"若是热饮应提醒旅客注意。

（6）若不慎将饮品洒落，不要慌张，应该马上向旅客致歉并用干净的纸巾或毛巾为旅客擦拭。

4．提供餐食的服务规范

（1）提供餐食时应先询问旅客。乘务员应侧身45°面向旅客，身体略向前倾，面带微笑，目光注视旅客："您好，这里有鸡肉饭、猪肉饭、牛肉面，请问您喜欢什么？"

（2）将餐食置于餐盘上递送给旅客，最好用双手递送，或者用左手递送给左侧的旅客，右手递送给右侧的旅客（机头方向，机尾方向相反）。按照从前到后，从里到外的顺序进行。

（3）可将餐食递给旅客或放置在小桌板上，动作要稳，并配合合适的语言："您好，这是您的鸡肉饭/猪肉饭/牛肉面，请慢用。"

（4）送餐时若旅客正在休息，不应打扰旅客，应记下旅客的座位号并放置休息卡，待旅客醒来后送上餐食。

5．回收餐具的服务规范

（1）回收餐具时应先征询旅客："您还需要使用吗？"待旅客同意后方可回收。

（2）收拾餐具时动作要轻缓，注意不要将垃圾残渣洒落。

（3）回收的餐具在餐车上应整齐摆放。

（4）若旅客的小桌板有污渍，应及时用干净的毛巾擦拭一净。

五、客舱广播礼仪

客舱广播是用艺术语言来传达情感，这需要乘务员有一口标准的普通话和流利的英语。乘务员在努力学好业务知识的同时，应加大训练普通话和英语口语的力度。要知道，广播器传出的效果是只闻其声，不见其人，这就要求广播员在广播时声情并茂，让旅客感觉是在听美妙的音乐。

在客舱播音中，对象感是乘务员在面对话筒，眼前没有旅客广播时努力做到心中有人的一种感觉。在备稿时要对旅客进行设想，在广播时感受到旅客的存在和反应，意识到旅客的心理、要求、期望和情绪等，并由此调动自己的思想情感，使之有感情地表达情感。如果没有感情地广播，那么旅客听到的将是平淡呆板、没有起伏或语速过快过慢的生硬话语。

客舱广播礼仪规范要求如下：

（1）负责广播的乘务员，必须经过专门培训，取得广播资格证后方可上岗。

（2）保证相应的航线有相应语种的广播。

（3）广播用语准确、规范，使用专用的广播词，广播员语言亲切自然、音量适中。

（4）广播语种顺序：中文、英文、相应语种。

（5）在条件允许的情况下，根据机型分舱广播。

（6）长航线的夜航飞行，中途开餐时可不进行餐前广播。

（7）航班延误及时广播通知旅客。

（8）紧急情况下，带班乘务长负责广播。

【课堂训练】

模拟客舱广播演练

1．登机广播

女士们、先生们：

欢迎来到中国南方航空“空中之家”。当您进入客舱后，请您留意行李架边缘的座位号并对号入座。您的手提物品可以放在行李架内或座椅下方。请保持过道及紧急出口通畅。如果有需要帮助的旅客，我们很乐意协助您。南方航空愿伴您度过一个温馨愉快的空中之旅。谢谢！

Ladies and Gentlemen:

Welcome abroad China Southern Airlines. As you enter the cabin, please take your seat as soon as possible. Your seat number is indicated on the edge of the overhead bin. Please put your carry-on baggage in the overhead bin or under the seat in front of you. If you need any assistance, we are glad to help you. We wish you a pleasant journey. Thank you!

2．舱门关闭后

女士们、先生们：

舱门已经关闭。为了您的安全，飞行全程请您关闭手机及遥控电子设备。飞机平飞后，手

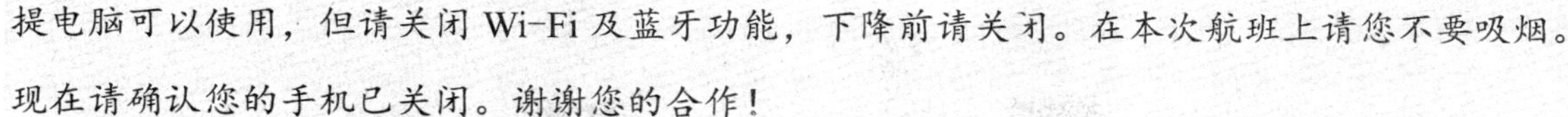

提电脑可以使用，但请关闭 Wi-Fi 及蓝牙功能，下降前请关闭。在本次航班上请您不要吸烟。现在请确认您的手机已关闭。谢谢您的合作！

Ladies and Gentlemen:

The cabin door is closed. For your safety, please do not use your mobile phones and certain electronic devices on board at any time. Laptop computers may not be used during takeoff and landing. Please ensure that your mobile phone is turned off. This is a non-smoking flight, please do not smoke on board. Thank you for your cooperation.

3. 餐前广播

女士们，先生们：

我们将为您提供餐食（点心餐）、茶水、咖啡和饮料。欢迎您选用。需要用餐的旅客，请您将小桌板放下。为了方便其他旅客，在供餐期间，请您将座椅靠背调整到正常位置。谢谢！

Ladies and Gentlemen:

We will be serving you meal with tea, coffee and other soft crinks. We welcome to make your choice. Please put down the tray table in front of you. For the convenience of the passenger behind you, please return your seat back to the upright position during the meal service. Thank you!

【学习评价】

序号	评价标准	分值	自评分	小组评分	教师评分
1	客舱迎接旅客操作符合标准	20 分			
2	客舱巡视操作符合标准	20 分			
3	行李架操作符合标准	20 分			
4	报纸分发操作符合标准	20 分			
5	餐饮服务礼仪符合标准	20 分			
合计		100 分			

任务二　民航地面服务礼仪

【任务导入】

以15个同学为一组，选出6位为民航服务人员，其他为旅客。以小组为单位，根据以下服务场景，进行民航地面岗位服务礼仪的训练：

场景一、3位同行旅客来到值机柜台办理手续，要求安排相连的座位，值机人员查看后发现已无相连座位。

场景二：旅客带着托运行李来到值机柜台办理乘机手续，要求安排一个靠窗的座位。在检查行李时，值机人员发现其中一件的外包装有破损，让旅客签名确认后收运。

场景三：旅客来到柜台询问自己的航班应该在哪里办理乘机手续，工作人员询问其是哪个航空公司，旅客自己也不知道，只知道目的地和起飞时间，工作人员查询后告诉其办理手续的柜台。

场景四：为一名老年旅客进行安全检查，发现随身包里的杯子装有茶水，礼貌告知应将其倒掉。

【知识准备】

民航地面服务工作是航空公司服务质量体现的另一个重要窗口，地面服务始于旅客进入候机楼办理乘机手续，止于旅客进入机舱。

一、候机楼值机服务礼仪

值机服务是指为旅客办理乘机手续的整个服务过程，其主要内容包括查验证件、安排座位、发放登机牌、收运行李及相关旅客运输服务的处理。它是民航地面服务的一个重要组成部分，是民航运输生产的一个关键性环节。

1．值机柜台的设置

为了提高服务效率和质量，合理分流旅客，机场或航空公司会根据所拥有的值机柜台数量及旅客类型对值机柜台进行分类设置，较常见的类型有普通旅客柜台、无托运行李柜台、特殊旅客柜台、晚到旅客柜台、团体旅客柜台、逾重行李柜台、超大超限行李柜台、VIP 柜台、候补旅客柜台、值机主任柜台等。

目前除了传统的柜台值机方式外，民航出现了许多其他的值机方式，如自助值机、网络值机、手机值机、巴士值机、异地候机楼值机、移动值机等。这些新兴的值机方式在给旅客提供便利的同时也为航空运输企业节省了成本支出。如图 4-1 所示为自助值机柜台。

图 4-1　自助值机柜台

2．迎送旅客礼仪

（1）旅客到达值机柜台，值机人员应如图 4-2 所示站立迎接，面带微笑，主动问“您好！”“早上好/下午好！”等。

图 4-2　值机人员站立迎接旅客

（2）如值机柜台前无旅客等候值机，值机人员可坐下等待，但坐姿保持端正。

3．查验证件礼仪

（1）如果旅客未主动出示证件，值机人员应礼貌索要："您好，请出示您的身份证件（护照）。"待旅客出示证件后，值机人员应站立并双手接过旅客证件，之后坐下办理乘机手续。

（2）快速高效查看旅客证件，通常身份证 8 秒以内，护照 30 秒以内应查看完毕。

（3）办理手续前，向旅客确认航班信息和目的地："您是准备乘坐××航班去××吗？""您准备乘坐的是×点×分飞往××的航班，对吗？"

（4）VIP 柜台及两舱柜台的值机人员需提供姓氏服务。在不知道旅客姓名的情况下，可以使用"先生/女士/小姐"称呼旅客，当查验过旅客证件，获知旅客信息后，在后续服务过程中，必须以"姓氏+先生/女士/小姐"称呼旅客。

4．安排座位

安排座位是值机工作的一项重要任务，在满足飞机配载平衡及飞行安全的基础上，值机人员应尽量满足旅客对座位的需求，同时应主动根据旅客的实际情况为其安排合适的座位。

（1）主动询问旅客对座位的喜好。询问座位需求时应根据航班座位实际剩余情况灵活使用提问方式，有以下几点技巧：

1）通常不使用开放式的提问方式"您需要什么样的座位？"，尽量使用封闭式的提问方式以节省时间，提高效率。

2）②多数旅客喜欢靠窗或靠过道的座位，因此在座位充足的情况下，通常使用"请问您需要靠窗座位还是过道座位？"

3）若靠窗和过道位都没有了，可不必询问座位喜好或可询问"您需要靠前的座位还是靠后的座位？"

4）当航班座位剩余量少时可不必询问座位喜好。

（2）在不能满足旅客座位需求时，应向旅客致歉解释并提供其他座位选择："对不起，靠窗的座位没有了，我给您安排一个靠前的过道座位，您看可以吗？"

（3）同行的旅客应尽量将其座位安排在一起，如没有相连的座位应告知旅客并致歉："对不起，现在没有一起的座位，我将你们安排在最近的区域内，您看可以吗？

（4）对于特殊旅客如孕妇、儿童、婴儿、轮椅旅客、老年旅客等，应按照特殊旅客的座位安排要求选择合适的便于服务的座位。

（5）在安排紧急出口座位时，应严格按照规定执行，必须明确告知旅客紧急出口座位相应的职责，在得到旅客的应允后方可将旅客安排在紧急出口座位。

5．收运行李

收运行李是值机中的一项重要工作，其工作内容包括检查行李外包装、了解行李内是否有不符合规定的物品、行李过重、收取相应的逾重行李费等。

（1）主动询问旅客是否有托运行李，例如“请问您有需要托运的行李吗？”“麻烦您将托运行李放在行李带上”等。

（2）认真检查旅客行李的外包装，若发现外包装不符合要求，应礼貌告知：“对不起，您的行李包装不妥，运输过程中可能会造成行李损坏，麻烦您按照……的要求重新包装一下，谢谢！”若旅客行李的外包装有损坏，应同旅客进行确认，并在行李牌上做好相应的标识：“您的行李箱轮子掉了一个，麻烦您签字确认一下，谢谢您的配合！”

（3）对待旅客的行李应轻拿轻放，规范粘贴、拴挂行李牌，将行李识别联粘贴在登机牌副联的背面。

（4）主动了解旅客行李的安全问题，例如“请问您的托运行李里有贵重物品或易碎物品吗？”“您的托运行李里是否有充电宝或含有锂电池的电子产品？”“请您看一下告示牌，以确保您的托运行李内没有所示物品，谢谢！”“您的行李内有帮他人携带的物品吗？”等。

（5）对旅客的逾重行李应明确告知规定：“对不起，您的行李重量超过了经济舱 20kg 的免费行李额度，您需要缴纳逾重行李费，请您到××柜台办理，谢谢。”

6．礼貌道别

（1）手续办理完毕后值机人员须站起来，用双手将旅客身份证件、登机牌等物品一并交还给旅客：“这是您的登机牌和身份证件，请您收好。”

（2）必要时口头向旅客提示登机口及登机时间信息，并用手势指示安检通道方位，例如“您的航班马上就要开始登机了，请您抓紧时间进行安全检查，到××号登机口登机”“您的航班在×区××号登机口登机”等。

（3）面带微笑，礼貌告别，例如“祝您旅途愉快！”“再见！”

二、候机楼问询服务礼仪

在机场候机楼的显眼位置一般都设有专门的问询柜台，如图 4-3 所示。问询柜台主要为旅客及其他顾客提供航班信息、机场交通、候机楼设施使用等一系列问询服务，问询服务往往能直接解决旅客在旅行过程中遇到的许多麻烦，能为旅客解决问题指明方向，因而深受旅客欢迎，已经成为航空运输业旅客服务不可缺少的窗口。

图 4-3　机场问询柜台

1．候机楼问询服务概述

候机楼问询服务根据服务方式的不同可分为现场问询和电话问询。现场问询是指在候机楼设立专门问询柜台向旅客提供服务。电话问询还分为人工电话问询和自动语音应答问询。自动语音应答问询是指旅客根据自动语音提示进行操作，能快速高效地解决常见的问题；人工电话问询则主要用来解决旅客提出的一些比较特殊或非常规的问题。

问询岗位的服务人员需要具备较为全面的民航相关知识才能为旅客提供全面、优质的服务。主要包括熟悉民航基础知识，掌握民航相关的法律法规及政策，熟悉国内、国际旅客行李运输及客票业务的相关知识，熟悉机场旅客服务的基本业务流程，了解安全检查及联检单位的基础业务知识，掌握机场交通状况及当地基本地理状况等。

问询服务实行“首问责任制”，即旅客求助的第一位工作人员有责任在第一时间内确保准确答复或有效解决问题，否则必须将旅客指引到能提供有效服务的单位或岗位。

2．现场问询服务礼仪要求

接待旅客问询实行站立式服务，见到有旅客走向问询柜台，工作人员应主动站立，保持规范站姿，面带微笑，提供主动式服务：“您好，请问有什么可以帮到您的？”而不应等旅客先提出问题。

如柜台前无旅客问询，工作人员可坐下等待，但坐姿需保持端正。

（1）与旅客沟通时首先要认真倾听旅客的问题，不打断旅客，注意旅客的身体语言，了解旅客真实全面的需求。

（2）与旅客交谈时，眼神要亲切柔和、友善专注，保持目光交流，切忌上下反复打量对方。

（3）与旅客沟通时做到口齿清晰、语速适中、语言简明清晰，尽量使用通俗易懂的语言，避免使用专业术语等特殊用词。

（4）用双手递接旅客的票证和其他物品，递送的物品时应面对旅客，方便旅客查看。

（5）若需要旅客等待，应礼貌告知："请您稍等，我马上为您查询。"

（6）如无法回答旅客询问的内容，要主动说对不起，然后告知旅客前往正确地点询问或协助旅客咨询相关部门。"对不起，这个问题我无法给您准确回复，请您前往××柜台，那里的同事可以帮到您。"切忌使用"不知道""这不是我的职责""你自己找"等直接或间接拒绝旅客的语言。

（7）为旅客指示方位或物品时，右手手臂提起，掌心与地面成45°，眼睛看着指示的方向或物品，以胳膊的屈伸度表达指示距离的远近。

（8）服务结束后应再次询问："请问还有别的可以帮到您的吗？"

（9）工作人员应站立目送旅客离去，之后方可坐下。

3．电话问询服务礼仪

工作人员在接听电话问询时，应注意以下礼仪规范：

（1）接听电话问询时铃响不超过三声，如超过应向旅客致歉："对不起，让您久等了。"

（2）接听电话时通常应左手拿听筒，方便右手做记录或查询计算机。

（3）在接听电话时，要首先问候对方（如您好、早上好、晚上好等），然后主动告知对方本部门名称："您好，××机场问询处，请问有什么可以帮到您的？"

（4）通话音量要以对方能听清为宜，任何情况下均要避免在电话内大声喧哗。

（5）接听电话时要保持端正坐姿，面带微笑，不可同时做其他事情。

（6）接听电话时，若有其他旅客前来询问，应请旅客稍稍等候。在不影响通话进行的前提下，可用手盖住电话话筒轻声对前来问询的旅客说"对不起，请您稍等"，或用眼神、点头微笑等方式来表达。

（7）通话结束时，要感谢对方来电，并礼貌结束："感谢您的来电，再见。"

（8）工作人员要等对方挂断电话后，方可挂断，不得摔放电话。

（9）不得使用岗位电话拨打私人电话。

三、安全检查岗位礼仪

安全技术检查简称安全检查，是指在民用机场实施的为防止劫（炸）飞机和其他危害航空

安全事件的发生，保障旅客、机组人员和飞机安全所采取的一种强制性的技术性检查。

安全技术检查工作包括对乘坐民用航空器的旅客及其行李，进入候机隔离区的其他工作人员及其物品以及空运货物、邮件的安全技术检查；对候机隔离区内的人员、物品进行安全监控。安全检查岗位的工作内容主要包括证件检查、人身检查和物品检查。

（1）证件检查。对乘机旅客的身份证件的查验，通过对旅客身份证件的核查，防止旅客用假身份证件或冒用他人身份证件乘机。

（2）人身检查。对乘机旅客的人身检查，包括使用仪器和手工检查（搜身检查）。

（3）物品检查。对行李物品的检查，包括使用仪器和手工开箱（包）检查。

1．验证查验岗位礼仪规范

（1）准备工作与等待服务。验证检查员检查设施设备和登录安检信息系统，等待服务。验证检查员应挺胸端坐在验证台的椅子上，有需要时可微向前倾或站立。

（2）引导旅客或工作人员。验证检查员主动请旅客出示身份证件和登机牌；请工作人员出示门禁卡和控制区通行证。

1）请旅客或工作人员站在 1m 黄线外排队候检。

2）使用正确手势提醒或引导。

3）主动和旅客或工作人员打招呼，点头微笑。

（3）查验证件（查验门禁卡）。仔细核对证件真伪、是否冒名顶替或在控人员，查验门禁卡是否有效或持卡人是否违规，有可疑情况及时报告上级。

1）右手或双手接递证件。

2）检查中发现旅客有戴墨镜、围巾、口罩和帽子等情况时，应主动请其摘下，语气平和，文明有礼。

3）扫描旅客手机二维码时的注意事项：要轻拿轻放，小心跌落，扫描完毕后小心递还。

（4）盖章放行。确认无误盖章，准确录入信息，将身份证件和登机牌交还给旅客。

1）在登机牌上加盖验讫章后，将登机牌对折交还给旅客，避免印油弄脏旅客物品。

2）将身份证件和登机牌一并交还给旅客。

3）用正确手势指引旅客进入通道检查。

（5）情况处置与移交。对可疑和异常情况进行处置，将可疑人员或违规物品报告和移送上级处理。

1）检查中发现证件有模糊不清、涂改等情况时，询问要自然大方、态度和蔼、语言得体。

2）检查中发现有疑似冒名顶替情况时，要注意语言和方法，切忌先入为主，主观判定。

3）使用文明用语，不用粗暴肢体动作。

2. 前传检查岗礼仪规范

引导和协助旅客或工作人员将行李物品正确放置于X射线机传送带上，按要求调整行李的方向、位置和距离；提醒旅客或工作人员将身上的物品取出来放置在篮筐内，进行手工初步检查，然后通过X射线机检查；有序引导旅客或工作人员逐一通过安全门接受检查，维护安全门候检秩序检查旅客的登机牌上是否盖有安检验讫章。

（1）准备工作与等待服务。检查篮筐，将其摆放至适当位置，方便旅客或工作人员放置随身物品。

1）佩戴工作牌上岗。

2）检查篮筐，确保篮筐清洁、充足和摆放整齐有序。

3）挺直站立在X射线机靠安全门前方的一侧，微笑等待旅客。站姿自然端庄，双目注视前方。

（2）引导检查对象放置行李。协助旅客或工作人员将随身携带的行李和物品放置在X射线机传送带上通过检查。

1）指引旅客正确放置行李。

2）协助老人、残疾人等特殊人群将行李物品放置在X射线机传送带上。

3）对容易被卷入传送带卷轴或缝隙的行李物品（如双肩背包、衣服、零散物品等）以及容易发生散漏的包袋（如没有封口的袋子、没有拉链的手提包和液态物品等），应放置在篮筐内通过X射线机检查，防止损坏旅客物品。

4）要时刻留意传送带转动情况，防止因X射线机操作惯性，导致旅客行李跌落。

（3）核查登机牌。请旅客出示登机牌并进行核查。

1）核查完旅客登机牌后，要将登机牌对折，防止印油弄脏旅客衣服。

2）登机牌、身份证应放置在旅客物品之下或篮筐内的底部，防止通过X射线机时遗失。

3）对漏盖验章和区域不符的旅客，要主动表示歉意，并给予清晰的指引。

（4）传递检查信息。将验证员的通知信息和自身需告知的信息准确传递给其他岗位人员，确保准确实施各类检查措施。传递检查信息的行为标准如下：

1）将晚到旅客或特殊需要旅客告知通道后续岗位检查员。

2）旅客取走篮筐内物品后，要检查篮筐内是否有遗留物品，发现情况要及时找寻失主或报告上级。

3）提醒旅客检查后拿回物品。

（5）引导旅客或工作人员。有序地引导旅客或工作人员通过安全门接受检查。

1）按照规范手势和操作指引旅客或工作人员。

2）引导装有心脏起搏器、孕妇等特殊旅客从安全门或X射线机旁通过接受纯手工检查。

3．人身检查岗礼仪规范

人身检查岗包括引导和安全门检查两个岗位，其工作内容包括：引导旅客有秩序地通过安全检查门；检查旅客自行放入盘中的物品；对旅客进行仪器或手工检查；准确识别并根据有关规定正确处理违禁物品。

（1）准备工作和等待服务。安全门人身检查员等待旅客时，应站立在指定的位置。面带微笑，保持正确的站姿。两臂自然下垂，右手持金属探测器，左手握于右手腕。

（2）人身检查。

1）请受检对象通过安全门接受人身检查。

2）请受检对象抬起双手配合人身检查。

3）提醒受检对象自行取出需要检查的物品，注意检查动作的快、准、轻，不得未经对方同意掏取口袋中的物品。

4）人身检查员在检查过程中应主动围绕对方对其进行人身检查；用语言提醒对方，例如“请稍等”。

5）对腿部进行检查时，采取下蹲姿势。

6）根据实际情况进行脱鞋检查，鞋子需通过X射线机检查，检查完毕后主动将鞋子取回交还于旅客。

7）检查完毕向旅客致谢，提醒旅客取回放在篮筐里的金属物品和通过X射线机检查的行李。

8）维持好旅客候检秩序，提醒按秩序逐个通过安全门接受人身检查。

（3）情况处置。

1）妥善放置查获的违禁品，不得随意丢弃或遗留。

2）反应敏捷，做到眼观六路耳听八方。

4．X射线检查岗礼仪规范

按操作规程正确使用X射线检查仪；观察、辨别监视器上受检行李（货物、邮件）图像中的物品形状、种类，发现、辨认违禁物品或可疑图像；将需要开箱（包）检查的行李（货物、邮件）及重点检查部位准确无误地通知开箱（包）检查员。

（1）准备工作与等待服务。

1）按开机规范程序启动X射线机。

2）等待行李检查时，X射线机操作员端坐于X射线机操作台前。

（2）X射线机操作及发出开包指令。

1）执行X射线机操作任务时目视显示器。

2）X 射线机操作员腰背挺直，不得背靠椅子，应将双手放在操作台上。双腿并拢平放于地面上。

3）将需要开包检查的行李及重点检查部位准确无误地通知开包检查员。

检查行李过程中，若行李图像显示有疑点，需要开包，应给予开包员明确清晰的指示，例如“××，这个行李需要开包检查”。

5．开箱(包)检查岗礼仪规范

对旅客行李（货物、邮件）实施开箱（包）手工检查；准确辨认和按照有关规定正确处理违禁物品，严防错检、漏检。

（1）准备工作与等待服务。开（箱）包检查员等待 X 射线机操作员的开包指令时，应站立于 X 射线机操作员身后约 0.5m 处，正视前方，注意站姿。

（2）开包检查。

1）请旅客到开包台接受行李开包检查。

2）询问旅客是否带有违禁物品，请旅客主动拿出来。

3）岗位动作要规范，检查动作要快、准、轻，不得乱翻旅客行李物品。

4）准确辨认和按照有关规定正确处理违禁物品，耐心向旅客解释相关的规定。

5）排除疑点后协助旅客还原行李箱包。

（3）特殊情况处理。

1）检查出旅客不能随身携带登机但可暂存的物品，为旅客开具“暂存物品凭单”。书写整洁干净，字体清晰。

2）移交暂存单和暂存物品时，经手人与维序勤务员应做好台账登记。

四、候机楼 VIP 要客服务礼仪

1．VIP 要客的心理特点

自尊心、自我意识强，希望得到一种应有的尊重；与普通旅客相比较，他们更重视环境的舒适和接受服务时心理上的感觉；同时，由于乘坐飞机的机会可能比较多，他们会在乘机的过程中对机上服务有一种有意无意的比较。服务员为他们服务时要态度热情，语言得体，落落大方，针对他们的心理需求采用不同的服务方式。在服务过程中的心态要健康，做到亲切、大方、自然。

2．VIP 要客的服务要点

（1）VIP 要客通常最后上飞机，最先下飞机。

（2）尽早了解要客的有关情况及特殊要求、饮食习惯、生活习惯。

（3）VIP 要客登机后，能准确无误地叫出他们的姓氏及职务；在不能得知 VIP 要客的姓氏时，与之沟通或从登机牌中了解，据情况处理。

（4）VIP 要客原则上由乘务长亲自服务，也可视情况指定乘务员服务。

（5）服务时注意避免暴露 VIP 要客的身份。

（6）保证 VIP 要客在机上的安全和与地面的交接工作。

3．VIP 要客服务的注意事项

（1）不要随便打听要客的隐私。

（2）不是在本舱位服务的乘务员不要进入本舱位。

（3）不要打扰要客的工作和休息。

（4）对有随行人员的要客，乘务长要与随员保持联系，了解要客有无新的需求。

4．出港服务礼仪规范

出港服务礼仪规范包括迎宾服务、办理乘机手续、房间服务、送宾服务。

（1）迎宾服务：

1）旅客到达时，迎宾员确认要客姓名及预约情况及时将要客到达的信息通报信息中心、房间服务员。

2）迎宾员根据信息中心安排，将要客引导至预先安排的房间，交与房间服务员；向要客（或随行人员）收取身份证件确认航班号，并询问是否有托运行李，告知托运行李及随身行李的相关规定；与要客（或随行人员）核实待托运行李的状况（如件数、有无易碎物品等）并将行李贴贴于托运行李上（注明航班号、房间号、要客姓名或单位名）。

3）迎宾员将办理乘机手续的相关证件全部收齐后交与信息员，由信息员安排人员办理乘机手续。

4）迎宾员及时返回门厅迎宾。迎宾员随时保持与信息中心的沟通，掌握临时增加要客的安排情况，确保无漏。

5）迎宾员及时传递和反馈来自要客的服务要求和临时的业务信息，尽量满足其需求并做好解释工作。

（2）办理乘机手续：

1）办理乘机手续人员须确认办票截止时间，及时、准确地为要客办理乘机手续。

2）办理乘机手续人员与信息员确认要客身份证等相关物品，确保无遗漏。

3）办理乘机手续人员与迎宾员交接托运行李件数，确认行李贴上内容与待办手续一致，

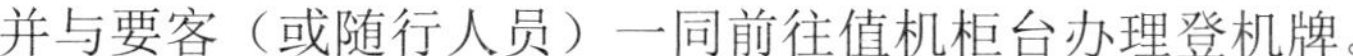

并与要客（或随行人员）一同前往值机柜台办理登机牌。

4）办理乘机手续人员办票时与值机人员确认航班号与工作单上的航班号是否一致，核对登机牌上的姓名、身份证号与身份证件是否一致并再次确认航班号。

5）办理乘机手续人员将办理好的乘机手续清点好交回信息中心。

（3）房间服务：

1）房间服务员在接到迎宾通知后，将房门打开按规范迎接要客。

2）房间服务员在要客到达入座后，主动向要客简要介绍提供的服务内容（饮料食品、报纸杂志等），礼貌征询要客服务需求后及时通知操作间准备。

3）房间服务员提供饮品后，及时通报要客航班信息及办理乘机手续情况。

4）房间服务员在休息间门外站立等候，每隔五分钟返回房间，观察要客的饮用品使用情况，及时为要客续水，清理台面并随时根据要客的需求提供服务。

5）房间服务员及时向信息中心报告服务人数。

6）房间服务员在安检处办理好登机手续后，将相关手续当面清点好交还给要客（或随行人员）；如需要客签字，须双手呈上，请要客在工作单上签字认可。

（4）送宾服务：

1）接到信息中心航班登机通知后，到信息中心领取《贵宾服务工作单》，并对要客登机牌及工作单上相关信息进行再次确认。

2）待要贵宾车到位后，进入房间礼貌地通知要客登机，提醒检查随身物品有无遗漏，协助要客顺利通过安检；并请要客（或随行人员）核对身份证、登机牌是否齐全；如发现要客有遗失遗留物品，房间服务员应按规范填写《要客遗失遗留物品登记本》；遗失遗留物品的存放、处理按照机场相关规定执行。

3）引领要客乘坐贵宾接待用车，告知驾驶员停机位，驾驶员复述后，前往飞机停靠处；服务员再次确认飞机号及停机位。

4）在引导要客上下贵宾车（或廊桥侧梯）及车辆起步时，服务员应作好语言提示，避免发生意外。

5）要客登机至舱门口后将登机牌副联交到检票口，请值机人员在《贵宾服务工作单》上签字确认，办理要客交接事宜；若是 VIP，必须先请乘务员签字并进行服务交接，请值机人员在《贵宾服务工作单》上签字确认，办理要客交接事宜。

6）若要客借用临时证件乘车返回贵宾服务中心时，需按规定将临时证件和《贵宾服务工作单》交到信息员手中。

7）要客离开房间后，通知保洁员清扫房间，服务员重新备齐物品，检查卫生、设施设备、物品配备是否符合标准（依据 OK 房房态达标表），锁闭房门，做好下一航班的准备工作，完成《OK 房间检查记录》。

4．进港服务礼仪规范

（1）服务员按信息中心通知做好接机准备工作。

（2）服务员到信息中心拿到《贵宾服务工作单》，再次确认《贵宾服务工作单》上的相关信息，与贵宾接待用车驾驶员确认停机位，待驾驶员复述双方确认清楚后，开往飞机停机位；服务员每隔五分钟与信息中心确认停机位、飞机号，避免临时更改停机位、飞机号。

（3）服务员到舱门口迎接要客，若是VIP，必须先请乘务员在《贵宾服务工作单》上签字并进行服务交接，如有托运行李，征得承运人同意后方可在飞机下取行李；接到要客后确认所接要客的身份及人数，避免与普通旅客混淆。

（4）如有使用临时证件的要客，接机后服务员必须将临时证件交还信息中心。

（5）协助要客取托运行李，核对行李票时须核对行李票号后六位，确保行李无误。

【学习评价】

序号	评价标准	分值	自评分	小组评分	教师评分
1	值机岗位服务礼仪符合标准	40分			
2	问询岗位礼仪符合标准	20分			
3	安监岗位礼仪符合标准	20分			
4	VIP要客服务礼仪符合标准	20分			
合计		100分			

【技能拓展训练】

根据以下场景，拟写广播词并进行练习。

候机楼里一位6岁的女孩在大声哭泣，持续了很长时间，她的妈妈在一旁不停地安慰她，也显得十分伤心。工作人员上前询问后得知，小女孩把她的玩具小兔子弄丢了，这个小兔子从小陪伴着这位小女孩，更为重要的是它是小女孩的爸爸送给她的，然而她的爸爸在不久前因为车祸离开了她。工作人员帮忙在小女孩经过的地方认真寻找，都没有找到，猜测很可能是被其他要客捡走。

请编写简单的广播词，帮助这位小女孩寻找她心爱的小兔子。广播词拟稿要迅速，准确描述情况，使用恰当语言使得捡到的要客不至于尴尬，同时要表示感谢之情。

项目五　民航服务接访礼仪

【知识目标】

1. 了解公务接待和拜访的相关礼仪要求；

2. 了解拨打电话和接听电话的礼仪；

3. 熟悉对民航常见特殊旅客服务的礼仪规范。

【能力目标】

1. 能熟练进行公务接待与拜访；

2. 能够熟练接听电话和拨打电话；

3. 能够运用丰富的礼仪知识为特殊旅客提供服务。

【开篇案例】

孕妇旅客的好朋友

福州至上海的航班正在登机，乘务长对每一位进入客舱的旅客进行问候："您好！欢迎登机！"这时一位大腹便便的孕妇走了上来，乘务长见了欢快地问候："您好，孩子是不是快要出生了？"孕妇幸福地笑着："没呢，还差一个月，不过医生也说孩子好大啊，让我克制饮食呢。"乘务长打趣道："看来这一定是个调皮的小阿哥，把妈妈的肚皮顶得那么突出，有32周了吧？"孕妇："是啊，还差4天就满32周了"。乘务长："您坐哪？我看看登机牌，噢，32C。小敏带旅客去座位吧，顺便通知2号乘务员全程照顾好我们这位漂亮的准妈妈。"边上的乘务员接过孕妇手中的行李："好的，我带您去，行李就交给我来拿吧，我再给您拿条毛毯和一个靠枕。"乘务长随后通知负责经济舱的2号乘务员这位特殊旅客的信息，并要求传达所有乘务员：32

排C座，怀孕31周加3天，属于公司允许乘机范围，但需要全程高度关注及细心照顾。航程行中建议旅客不要吃米饭、面条类主食，以免胎儿的体重继续增加，可为她提供些水果、果汁及面包。为以防万一，请大家在登机完成后迅速翻阅手册，再次了解机上分娩的相关知识。孕妇得到了很好的照顾，舒心且安然地度过了旅途，感觉乘务员就像她的亲人一样陪伴在她的身边。

真是一位热情且富有生活和工作经验的乘务长！对于孕妇乘机，为了确保乘机安全，航空公司规定如下：怀孕32周（含）以上，36周（含）以下的孕妇乘机时须提供医疗证明；怀孕36 周以上、有早产症状的孕妇公司不予接受承运。乘务长在迎客时亲切的问候瞬间拉近了与孕妇的距离，她言语中的热情让人深受感染，让孕妇放松下来，并开心地与乘务长交流，也让乘务长获得了必要的信息。孕妇即将临盆的体态让乘务长警惕，善意的聊天不但是和孕妇的融洽交流，更是在评估她的状况是否符合公司规定。在确认可以乘机后，乘务长根据孕妇的特殊情况，迅速制定了个性化的服务方案，展开了一系列妥帖的安排：请边上的乘务员安排她入座，向经济舱其他乘务员传达该旅客的信息及为她特别制定的服务方案。孕妇得到了毛毯、靠枕、水果等特殊的照料，她不知道的是，乘务员们为防止意外，还重温了机上分娩的操作程序。这位乘务长可谓未雨绸缪，工作的周到和前瞻性思考值得称赞！优质的服务，首先要用心投入，不可或缺的是对各项安全等业务规定的把握和对相关知识技能的娴熟运用。

任务一　公务接待与拜访礼仪

【任务导入】

以5个同学为一个小组，每个小组代表一家航空公司，以小组为单位，假设两家航空公司首次进行业务培训交流，进行称呼问候，自我介绍、握手、递接名片的训练。

【知识准备】

公务接待与拜访是民航从业人员重要的公务活动，良好的接待与拜访礼仪能营造一种亲切、愉悦的氛围，体现自身的优秀素质，为企业形象增辉。

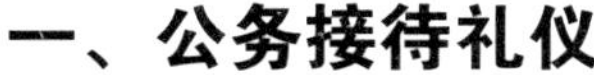

一、公务接待礼仪

1．接待准备

（1）了解来客情况。在对外往来中，对于重要客户，需要提前了解其工作背景、饮食习惯、信仰等情况，以免在接待过程中犯错误。

（2）安排行程。首先，提前安排行程，并和客户协商好；其次，为客户准备出行提示、日程安排、酒店地图、参观游览提示等，让客户觉得温馨、踏实、放心。

（3）安排住宿。远道而来的客户，接待人员要安排住宿，需要注意三点：

1）不宜选择过于偏僻的地方，否则会造成客户出行不便。

2）提前查看酒店房间，检查房间的设施设备，观察酒店周边环境。

3）了解客户的喜好及对房间的特殊要求。

（4）安排接送。远道而来的客户，接待人员要安排接送，需注意以下内容：

1）正确配置车辆。负责接送客户的车辆规格应该与客户的职位相匹配，以体现出对客户的尊重。

2）正确安排座位。提前了解车辆的款式、型号、大小、座位设置等；及时与来访的客户进行沟通，正确安排座位，避免出现尴尬情况。乘坐的车辆为小轿车时：若坐在驾驶位的是司机，则驾驶位对角线的位置是上座，驾驶位后面的位置是第二座位，副驾驶座是第四座位；若坐在驾驶位的是接待方的领导，则副驾驶座为上座。一般来说，应尽量安排足够的车辆，避免后排座位中间坐人。

3）引领客户上下车。为客户打开车门，引领客户上车；到达目的地后，快步为客户打开车门，在前引领客户。需要注意的是，在为客户开车门时，应左手开车门，右手挡住上门框，关车门的动作要轻。

（5）环境的准备。接待室布置要整洁、雅致，给来访客户留下良好的印象。窗户要明亮，桌椅要整洁，办公用品放置整齐有序。茶具、茶叶和饮料等要准备齐全。保持室内空气的清新，冬暖夏凉。

（6）材料的准备。根据有关客户来访的目的或双方商定的会谈事宜，事先准备好需要的交流材料、资料、签约文件，具体数据、情况需提前核实。同时准备好如欢迎词、发言稿、答谢词文件等。

2. 迎客上门

（1）迎客地点。迎接客户必须准确掌握来访客户所乘交通工具和抵达时间，并提前通知全体迎送人员和有关单位。对经常见面的客户，有关人员在双方见面的会客室静候即可。如果来宾人数较多，主方可以安排几位公关接待人员在楼下入口处迎候。

迎接客户时，应在客户抵达前到达迎接地点，看到来宾的车辆开来，接待人员要微笑致意。车停稳后，要快步上前，同来宾一一握手、寒暄，表示欢迎。

（2）接待"三声"。"三声"是指来有迎声、问有答声、去有送声。

1）来有迎声："您好！"客户到访时，接待人员要主动、及时、得体地打招呼，"某先生（或某女士），您好！"另外，还可以根据对方的职位选择称呼语。

2）问有答声："好！""行！"当客户问问题时，要及时、真诚、恰如其分地进行回答。如果对方的问题涉及公司机密、行业机密或个人隐私，就要引开对方的思路，或提出一个新的话题。

3）去有送声，例如"再见！""欢迎再来！"等，使用了得体的送别语言。

（3）接待"三到"。"三到"是指眼到、口到、意到：

1）眼到：目中有人，用目光把客户迎进办公室。

2）口到：说话要因人而异。客户到访时，要用文明、优雅的语言对其表示欢迎。

3）意到：欢迎客户的心意要准确地表达到。接待人员要用愉悦的微笑来迎接贵宾。

3. 热情待客

（1）引导。引导人员的引导手势要优雅：当访客进来时首先行个鞠躬礼，伸出手时，眼睛要随着手动，很明确地告诉访客正确的方位；当开始走动时，手就要放下来，否则会碰到其他过路的人，等到必须转弯时，需要再次打个手势提醒访客。

（2）道路引领。接待人员需注意下列事项：

1）走在客户或领导的左前方大约 1.5m 处，以起到保护的作用。

2）在引领过程中，要告知对方目的地，步伐适中，身体要侧转，伴有手势指示和语言提醒，眼睛看向对方。

3）在转弯处、楼梯口、电梯口要稍稍停一下，待来宾跟上后再前行。遇到不起眼的台阶、地毯接缝处，需提醒来宾注意安全。

4）行走过程中做到领导或客户优先。遇到客户或领导，要侧身让其先走，并点头致意。

（3）上下楼梯。上楼梯时，接待人员应让客户或领导走在前面有扶手一侧，并对客户进行语言提示；下楼梯时，接待人员应让客户或领导走在后面，自己在前提示并加以手势指引。也就是说，无论上楼梯，还是下楼梯，客户或领导都是在高处、在上面的。

（4）出入电梯。乘坐厢式电梯时，如果有人专门开电梯，就让客户或领导先进、先出。如果没有人专门开电梯，当电梯来到后，接待人员需先进电梯，控制住电梯的开门按钮，等客户进去后再点击楼层按钮；电梯到达后，接待人员应先请客户出电梯，然后再跟随客户出。

（5）出入房门。到达会客室的门口，要先向来宾介绍这是什么地方，然后为来宾开门。如果为内推门，接待人员向里推开后自己先进去，然后在门后拉住门，请来宾进入；如果为外拉门，接待人员需要打开门并站在门后，请来宾先进。

（6）引见。接待人员将客户引见给办公室同事或领导时，应先以职位高至职位低的顺序介绍主方，把主方介绍完后再逐一按照同样的顺序介绍客户。

（7）让座。接待人员在指引客户入座时，应注意座次的安排。如果是相对式桌子的座次安排，依照国际惯例，右为上，客户在右侧；如果进门后对面是两个并排沙发，客户应坐在主人右侧；如果是其他摆设格局，离门远的座位为上，客户应坐在里面位置。

（8）上茶。一名优秀的接待人员，要学会用适宜的方法为客户奉茶，通过奉茶的礼仪展现个人乃至公司良好的专业素养。奉茶接待需要注意几个细节：

1）如果有多项饮品可供客户选择时，则需主动征求客户意愿；

2）为客户茶之前，要先洗手，并洗净、消毒茶杯；

3）要先给主宾和其同事奉茶，最后给本公司的人员奉茶，可以充分体现出公司对客户的尊重；

4）两杯以上要使用托盘端茶，用托盘递茶可以避免引起“右尊左辅”的传统说法；

5）不要用手抓住杯子的上端或杯缘，应在杯子下半段二分之一处，右手在上，左手在下托着茶杯，可避免手指将杯口弄脏；

6）茶要七分满，避免水溢出杯外；

7）递茶时站在客户的右侧，右手拿着杯子的下端，左手托住杯子，同时说：“打扰您一下”；

8）放下茶后，搁茶杯方法即先将小拇指压在杯底再放杯，左手抽回，右手做出“请”的手势，同时说：“请慢用”，然后退回；

9）若茶桌为矮几，则需蹲下递茶；

10）咖啡杯应先将汤匙、糖包、奶油球放置在杯碟上再端给客户，可以避免客户来回索取所需物品；

11）在托盘内准备一张湿纸巾或干净的小毛巾，如果茶水溢出来可以尽快将其擦净。

4．礼貌送客

访客进来时要热情迎接，访客离开时要礼貌送客，这样才能让客户真正体会到宾至如归的感觉。按照常规，道别应由来宾率先提出，作为主人应当加以挽留；当宾主双方互道“再见”

"多多保重"之时，主人应当起身在前、伸手相握在后，最后相送一程。

（1）送至大门口，目送客户离开再返回工作岗位。在客户告辞离开时，要起身将客户送至门口，等到客户即将离开时做最后一次鞠躬，同时说"谢谢，欢迎再次光临""欢迎您再来"，并目送客户的身影，直至消失不见再返回自己的工作岗位。

（2）送至电梯口，等电梯即将关上时，再次行礼道再见。当将客户送到电梯口时，接待人员在电梯门关上之前，都要对客户注目相送，等电梯即将关上的一刹那挥手示意或做最后一次的鞠躬礼，并说："谢谢，欢迎再次光临！再见！"

（3）送至汽车旁，等车子开走才可离开。如果将客户一直送到他的车旁，一定不要忘了在关车门的一刹那做最后一次鞠躬并说"谢谢，请注意行车安全"，然后目送车子离开，直至看不见车影才可离开。

（4）送别外地客户。协助外地客户办好返程手续。要准确掌握外地客户离开本地的时间，以及所乘交通工具的意向，为其预定好车票、机票，尽早通知客户，使其做好返程准备。另外，最好由原接待人员将客户送至车站、码头、机场。如果因为特殊原因不能送行，应向客户解释清楚，并表示歉意。

送客的时间要严格掌握。送客的人到达的时间要恰当，既要给客户留出收拾东西、打点行装的时间，又要留有充分的时间以免误了飞机或火车的时间。

二、拜访礼仪

公务拜访的基本原则是入乡随俗，客随主便。提前做好准备，拜访时言语得体、结束时善解人意，这样的拜访才可以称为成功的拜访，这是一个优秀的民航服务人员必须掌握的技能。

1．拜访准备

（1）事先约定。约定拜访的时间、地点和人物。事先打电话说明拜访的目的，根据对方的行程，约定拜访的具体日期和时刻，不要在客户刚上班、快下班、异常繁忙、正在开重要会议时去拜访，也不要在客户休息或用餐时间去拜访。预计拜访所需的时间也需要与对方确认。同时，还应将己方前去访问的人数、姓名、职务告知对方。这样，对方才能对会客室等做出合理的安排，并安排后续的日程。

（2）行前确认。在拜访的前一天打电话再次确认，是应有的礼节，对方还可能为你的细心而感到高兴。

（3）资料准备。阅读拜访对象的个人和公司资料。准备好拜访时可能用到的资料。检查各项应携带的物品是否齐备（诸如名片、笔、记录本、电话本、现金、计算器、公司和产品介绍、合同等)。明确谈话主题、思路和话语。

（4）礼物准备。对于初次开始的公务活动，为体现对活动的重视和对对方的尊重，可赠送具有纪念意义的礼品，礼品不需要太贵重。例如，一些带有企业标志的名片夹、样品或产品模型、传统工艺品等。

公务拜访，礼品宜在见面时赠送，根据对象选择合适的礼品，要选择既让对方满意，又符合公务场合的礼品。最后，一定要注意，不论礼品的价值如何 包装是重要环节，它不仅让礼品看起来美观大方，更是对受礼者的最大尊重。

（5）仪表准备。做客之前，要认真选择个人着装。越是正式的拜访就越要注意这一点。一般的商务活动要求着职业装，家庭拜访可以穿家常服，聚会可以按聚会要求着装。在正常情况下，拜访时的着装应当干净、整洁、高雅、庄重，过分轻浮、随便的服装是不宜穿着的。

2．准时赴约

约定时间后，不能轻易失约或迟到。因特殊情况不能去，一定要提前通知对方，并表示歉意，切不可临时改变约定。

出发前最好与客户通电话确认一下，以防临时发生变化；选好交通路线，算好时间出发；确保提前 5~10min 到达。到了客户办公大楼门前再整装一次。如提前到达，不要在被访公司溜达。

进入客户办公楼，面带微笑，向接待员说明身份、拜访对象和目的，从容地等待接待员将自己引到会客室。在会客室等候时，不要看无关的资料或在纸上乱涂乱画。接待员奉茶时，要表示谢意。等候超过 15 分钟，可向接待员询问有关情况，如受访者实在脱不开身，则留下自己的名片和相关资料，请接待员转告。

到办公室拜访时，如果办公室关着门，应先敲门，听到“请进”后再进入。进入办公室后等主人安排再坐下。后来的客户到达时，先到的客户应该站起来，等待介绍或点头示意。

3．拜访进行时

按照寒暄问候、自我介绍、握手、交换名片的顺序进入正题。会谈时应注意称呼、遣词用字、语速、语气、语调。当对方奉上茶水或咖啡时，应表示谢意。会谈过程中，如无急事，不要接打电话。

拜访对方时，要记住非礼勿听、非礼勿视、非礼勿动。千万不要一看到对方与其他人交谈，耳朵就竖起来；未经对方允许，就私自翻阅客户资料，这种行为会令对方产生厌恶的情绪；不要触动对方的任何东西，包括电子用品，尤其是计算机，因为计算机中可能会存有机密性的资料，而且很可能会将其中的档案和程序弄乱。

4．商务礼品

商务礼品是商务交往的一个重要内容，特别是对初次开始的公务活动，为体现对活动的重视和对对方的尊重与感激，见面时赠送具有纪念意义的礼品会让拜访更加融洽，也会让双方的合作关系得到进一步增强。

礼品选择时需要考虑以下因素：

（1）送给谁。这是准备公务礼品首先要想到的问题。送礼要考虑受礼者身份、年龄、性别、职务、兴趣爱好，仔细挑选适合对方的礼物。

（2）送什么。选择的礼品应既让对方满意，又符合公务场合；既符合风俗习惯，又能够有独特效果；既不违反国家规定，又不失礼仪风范；既有意义，又时尚实用。

选择的礼品要价钱合理，轻重得当，能让送礼者接受，也不会给受礼者带来心理负担。如果送的礼物恰恰能够满足客户的日常工作需要则是最好的。其中办公用品作为商务礼品较为合适，可选择钢笔、日记本、日历、公文包、文件夹、通讯录等办公用品及办公桌装饰品。另外，新潮流行的礼品非常容易受到受礼者的青睐，最有效果。

（3）什么时间送。公务拜访，礼品宜在见面时送；公务接待时，礼品在临别时送。在一些重大节日，如中秋、国庆、元旦、春节，可适当送礼，通过良好的祝愿以发展彼此业务关系。

（4）如何送。礼品一般由职位高的人士出面向对方赠送。

5．适时请辞

拜访时还要注意控制拜访时间，根据对方的反应和态度来确定告辞的时间和时机，不要在客户处逗留太久，一般性的拜访通常以 20～30min 为宜。如果是初次造访，时间应控制在 15min 左右。说完告辞就应起身离开座位，不要久说或久坐不走。如果拜访时间过长，则可能会耽误对方的其他事情，所以要适可而止。

6．礼貌告辞

拜访结束时，应和对方握手告辞，并感谢对方的接待，真心诚意地跟对方说：“感谢你们！感谢你们今天的招待！耽误你们的时间了！”告辞时，同主人和其他客户一一告别，说“谢谢”“再见”。

离开时，如果办公室门原来是关闭的，出门后应轻轻把门关上。对方如果要相送，应礼貌地请对方留步。

【学习评价】

序号	评价标准	分值	自评分	小组评分	教师评分
1	为公务接待做好准备	20 分			
2	迎客上门操作规范	10 分			
3	待客时操作标准	20 分			
4	送客离开操作规范	10 分			
5	选择的拜访礼品合适	20 分			
6	能够准时赴约	20 分			
合计		100 分			

【技能拓展训练】

根据以下场景，进行自我介绍，为他人做介绍的练习。

场景一：作为新入职的员工，向部门同事进行自我介绍。

场景二：单位举办活动，作为主办方的代表，介绍参加活动的兄弟单位的两位同事互相认识。

实训要点：介绍时的仪态、表情，介绍内容的组织。

任务二　民航服务电话接待礼仪

【任务导入】

以2名同学为一组，选1名同学扮演旅客，1名同学扮演民航客服人员，旅客就航班信息、机票情况致电航空公司客服进行问询，客服人员进行回复，模拟通话训练。其他同学观摩情境训练，找出民航客服角色演示同学在接听电话过程中的优点与不足，总结接听电话的正确方法及规范。

【知识准备】

电话是当今社会人与人沟通交流不可缺少的重要工具，也是民航服务工作常用的沟通工具。电话订票、航班查询、服务咨询、建议投诉等服务工作都需要使用电话这一工具。因此，掌握电话礼仪，规范使用电话，展示良好的电话形象，是民航服务人员必备的职业素质。

电话交谈与面对面的交谈相比，最突出的特点是人们互相不能见面，需要凭借电话传递出来的声音元素去揣摩对方的情感和意图。电话形象主要由以下三个要素构成：第一，时间和空间的选择；第二，通话的态度，即通话时的表情、语音、语调、音量、停顿等；第三，通话的内容。

一、电话服务语言的要求

1．清晰准确

电话语言的传递要确保清晰准确，减少误解，因此，服务人员要做到：

（1）使用普通话，吐字清楚，发音准确。

（2）要注意保持适中的音量，音量过小，对方听不清；音量过大，会让对方感到不适。

（3）根据实际情况调整通话语速。通话的语速应尽量接近对方的语速，以适应对方。另外，对于一些重要的内容或难以理解的内容可适当放慢语速以起到强调的作用。

2．简洁明了

服务电话用语力求言简意赅，将所要传递的内容用最简洁明了的语言表达出来，多使用口语化的语言，少使用书面语言和专业术语，不说废话、不重复唠叨。

3．礼貌友好

电话用语应文明、礼貌，态度应热情、友善、谦和，声音要文雅有礼、语气柔和沉稳、语调平和，多使用谦恭、恳切的话语进行表达，恰当使用尊称、欢迎语、致敬语、致歉语、致谢语、祝福语、告别语，表达对对方的尊重和敬意。

二、接听电话的礼仪要求

1．迅速准确地接听电话

在日常工作中，需要养成良好的电话接听习惯。通常，应该在电话铃声响过两声之后接听电话，如果电话铃声三响之后仍然无人接听，客户往往会认为员工的服务水平不佳，连及时接电话的人都没有。电话在超过三声才接听，拿起电话首先要说“对不起，让您久等了”。

2．重要的第一声

在电话接通之后，接电话者应该先主动向对方问好，并立刻报出机构或部门的名称。例如：您好，新国旅行社，请问有什么可以帮您的？随着时间的增长，很多人在工作中都变得懒散了，拿起电话往往张口就说：“喂，你好”“你好，订票吗”，这是很不专业的，应该彬彬有礼地向客户问好。在得知客户姓氏或性别时要尊称“先生”或“女士”。

3．注意声音和表情

沟通过程中表现出来的礼貌最能体现一个人的基本素养，养成礼貌用语随时挂在嘴边的习惯，可以让客户感到轻松和舒适。因此，接听电话时要注意声音和表情，应微笑地接听电话。声音好听，并且待人亲切，会让客户产生消费的冲动。不要在接听电话的过程中暴露出自己的不良心情，也不要因为自己的声音而使公司声誉受损。

4．复述及记录要点

由话接听完毕之前，不要忘记复述一遍来电的要点，防止记录错误或者偏差而带来误会。

例如，应该对客户的姓名、消费要求（机票行程及时间、折扣等）、联系电话等各方面的信息进行核查校对，尽可能地避免错误。

电话记录牢记 5W1H 原则，即“When”何时，“Who”何人来电，“Where”事件地点，“What”何事，“Why”为什么、原因，“How”如何做。

5．让客户先收线

不管是制造行业，还是服务行业，在接打电话过程中都应该牢记让客户先收线。因为一旦先挂上电话，对方一定会听到“嘟嘟”的声音，这会让客户感到不舒服，因此，在电话即将结束时，应该礼貌地请客户先收线，这样整个电话接听过程才算圆满结束。

三、拨打电话的礼仪要求

1．选择合适的通话时间

给客户打电话应选择合适的通话时间，若非事情紧急，应避开节假日、就餐和休息的时间，应尽量选择在工作日上午 9:00~12:00，下午 14:00~17:00。如遇到特殊或紧急情况，急需在节假日、清晨、夜晚、就餐、午休时间与客户通话时，接通电话后应表示歉意。拨打国际长途电话时，需要提前计算好时差，以免给对方造成不便。

电话交谈时间不宜过长，每次通话应尽量控制在 3 分钟以内。如果确实需要很长时间，接通电话后应先告知对方，征得其同意。若对方不方便接听，应与其另约时间。

2．提前做好通话准备

不论拨打电话的目的是什么，在拨打电话之前都应做好必要的准备工作。确认对方的姓名与电话号码，以免拨错电话，称呼出错；准备好笔和记录本以及需要的资料和文件，确保通话时不至于慌乱；组织好通话的内容，简单的问题可打个草稿，复杂的事情最好列个提纲，以免出现遗漏；预估对方的情况，准备好应对方案，例如：如果要求被拒绝了该怎么办？如果对方提出的方案做不到怎么办？有了充分的准备就不至于语无伦次、条理不清、词不达意。

3．表明并确认身份

电话拨通后，应首先向对方问好，然后迅速报上自己的单位、部门，必要时还应该报上自己的姓名，例如，“您好，我是××公司××部门的王明”。如果对方没有主动告知单位、姓名，应该先确认对方的身份，客气地问“请问您是××单位吗？”“请问您是××先生/小姐吗？”

等。如果拨错了电话，应礼貌道歉："对不起，我拨错电话了。"切不可直接将电话挂断。

若接电话的人不是你要找的人，应礼貌请对方帮忙，例如，"请帮我找一下××先生/小姐好吗？谢谢！"之后，安静地在电话机前等候，切不可同时干别的事情。如果要找的人不在，可请接电话的人帮忙转告并表示谢意，例如，"麻烦您转告××先生/小姐……。"

4. 礼貌挂断

通话结束时，应使用简洁的告别语，例如，"谢谢您，再见""感谢您的接听，祝您生活愉快！"等，挂断电话时应轻放听筒。

【知识链接】

电话常用语

（1）您好，××公司，请问有什么可以帮到您的？

（2）您好，我是××公司的××，请问您是××先生/小姐吗？

（3）您好，我是××，请帮我找一下××先生/小姐好吗?谢谢！

（4）您现在方便接听电话吗？我可以耽误您五分钟时间吗？

（5）很抱歉，我拨错电话了。

（6）好的，请您稍等，我马上去叫他。

（7）稍等，请不要挂机，我马上为您……

（8）我需要点时间处理一下这个问题，稍后给您回电，您看可以吗？

（9）您是稍等两分钟，还是过一会儿我再给您打过去？

（10）麻烦您能大声些吗？我这边听得不太清楚。

（11）对不起，这边有点吵，麻烦您再说一遍，好吗？

（12）对不起，您说得慢一点好吗？我听得不是很明白。

（13）对不起，请您讲普通话，好吗？谢谢！

（14）非常抱歉让您久等了。

（15）麻烦您转告××先生/小姐……，谢谢！

（16）请转告××先生/小姐回来后给我回个电话，好吗？我的电话号码是……，谢谢！

（17）不好意思，您要找的人不在，您过半个小时再打来，好吗？

（18）您要找的人不在，方便留下您的联系方式，我让他给您回电吗？

（19）好的，我一定转达，请您放心。

（20）请放心，我们一定会尽快处理问题，并且在第一时间给您回复，请耐心等待，谢谢！

（21）您所提的这个问题我会转至××部门的同事那里，让他给您做专业的解答，您看可以吗？

（22）请问还有什么可以帮到您的吗？

四、手机礼仪

手机已经成为现代人生活必备品之一，与之相应的手机礼仪问题也突显起来。在美国，公共场合使用手机就像在公共场合吸烟一样，备受谴责。在这信息时代，人们很难做到在公共场合不使用手机，但“手机礼貌”却应该遵守并给予高度重视。手机礼仪既有电话礼仪的共性要求，又有其特殊的规范。手机的基本特点在于移动便携性，它可以把噪声带到任何场所，因此，手机使用者要特别注意顾及他人。

1．该开则开，该关则关

既然配有手机，就不要让那些急于想同你联系的人着急。因此，在一般情况下，要让手机处于开机状态。

在特殊场合，比如飞机上，或在开车、开会、动手术、讲课、表演、会谈时，你就必须关机或调至飞行模式。这是为自己也为他人的安全着想，也是礼仪的起码要求。

2．遵守公共秩序

在某些场合，如会场、机场、课堂、餐厅、影剧院、医院、葬礼、音乐厅、图书馆、宾馆大堂、公交车上等，你不能旁若无人地打电话！最好把手机调到蜂鸣振动状态或勿扰模式，绝不要让它发出声音！

不应该在公共场合，尤其是楼梯、电梯、路口、人行道等人来人往之处，旁若无人地使用手机。也不应该在要求“保持寂静”的公共场所，诸如音乐厅、美术馆、影剧院、歌舞厅及餐厅、酒吧等地使用手机。必要时，应关机，或使其处于静音状态。不允许上班期间，尤其是办公室、车间里，因为使用自己的手机，会显得用心不专。不可在聚会期间如开会、会见、上课之时使用手机，从而分散他人注意力。

3．自觉履行安全义务

使用手机时，特别要重视此点。不要在驾驶汽车的时候，使用手机通话，或是查看手机短信，以防止发生车祸。不要在病房、加油站等处使用手机，免得它们所发出的信号干扰治疗，或者引发火灾、爆炸。不要在飞机起飞以及飞行期间启用手机，否则极有可能会使飞机“迷失航向”。

长话短说，与他人打电话应特别注意说话简洁。如果对方正在路上或正在办事处在不宜多说话的场合时，更应长话短说。用手机通话时，最好互相通报一下所在的方位，以便判断各自的处境。现在手机功能越来越多，但要注意：不要用它发送垃圾信息给他人，也不可以开庸俗的玩笑。

5．潇洒大度，助人为乐

当你正与他人谈话时手机铃响，应向谈话对象致歉后再打开手机接听。当你接到一个拨错号码者的电话时，也要以礼相待。

6．永远不要沾染的四种手机使用习惯

在人们最讨厌的手机使用行为中，高声对着听筒大讲特讲排在第一位，不过人们对下面四种习惯的厌恶程度也不亚于对着话筒大声通话。

（1）在安静的地方任由手机铃声响个不停。当人们在电影院看电影时，影片的悬念已经发展到了高潮，所有观众都在紧张地等待结果。此时，事情发生了—不是影片的结局，而是刺耳的电话铃声。如果说有什么办法能激怒全体观众，那么这就是最好的选择。在音乐厅或者正在做礼拜的教堂里，人们也很容易被手机铃声激怒，或者受到惊吓。

（2）忽视身边的人。如果你希望自己的朋友或亲戚认为手机比他们更重要，那么可以在与他们谈话时，随意接打电话。这样他们就会感到自己在你心目中的地位远远不如手机，如果你能及时对他们说“请稍等片刻”，那么对方就不会感到你打电话的行为无礼。

（3）使用攻击性语言。有些手机用户（包括那些在其他场合说话很文雅的人）会忘记周围人的存在，而肆意使用在社交礼仪中无法被接受的语言。

【学习评价】

序号	评价标准	分值	自评分	小组评分	教师评分
1	掌握电话服务语言的要求	20 分			
2	能正确接听电话	40 分			
3	能正确拨打电话	40 分			
合计		100 分			

【技能拓展训练】

4 名同学一组完成一次电话服务。要求应用电话礼仪成功完成机票预订及售票服务。

情景一：一名顾客拨通了中国国际航空客户服务热线，想要咨询和购买 2020 年 8 月 25 日桂林飞往北京的机票。作为中国国际航空公司的一名客服人员，请应用电话礼仪完成好此次服务。

情景二：一名顾客购买了 2020 年 5 月 28 日桂林飞往上海的机票，但是由于临时改变了行程，于是他拨通了中国国际航空客户服务热线，想要将机票进行改签。作为中国国际航空公司的一名客服人员，请应用电话礼仪完成好此次服务。

任务三　民航服务特殊旅客接待礼仪

【任务导入】

某航班有一位腿脚残疾的旅客，工作人员为其提供轮椅服务，推其到客舱门口，由乘务员搀扶其进入客舱，帮助其放置行李。客舱巡视时主动与其沟通交流，询问需求。期间，轮椅旅客需要使用洗手间，乘务员主动搀扶并介绍洗手间设备的使用方法。

以5个同学为一组，选出一名乘务人员和残疾旅客，其余为普通旅客，根据以上服务场景，进行特殊旅客服务礼仪的训练。

【知识准备】

特殊旅客是指由于各种原因需要在飞行中得到特殊照顾的旅客，如重要旅客、无人陪伴儿童、孕妇、婴儿、病伤旅客、老年旅客、残疾旅客、担架旅客、轮椅旅客以及犯人、盲人、精神失常者等。服务特殊旅客需要民航服务人员付出更多的耐心、爱心和精力。作为民航服务人员，应掌握特殊旅客的心理特点，了解他们的特殊需求，设身处地地为他们着想，提供针对性的服务。

一、重要旅客的服务礼仪

重要旅客是航空运输的重点服务对象，其往往有着一定的身份和社会地位，在运输服务中需要给予特别的礼遇和照顾。做好重要旅客的服务工作是民航运输部门的一项重要任务。

1．重要旅客的心理特征

重要旅客由于自身的身份地位，通常都具有较强的自我意识和自尊心，需求标准相对较高。因此在服务中，应给予重要旅客特别的礼遇，让其感受到尊重。

重要旅客相对于普通旅客，通常习惯于享受高品质的服务，有更多的乘机经验，因此他

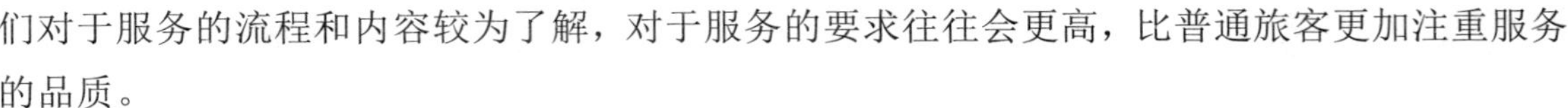

们对于服务的流程和内容较为了解，对于服务的要求往往会更高，比普通旅客更加注重服务的品质。

2．重要旅客的服务技巧

（1）事先做好准备。在服务开始前，应了解重要旅客的相关信息，如姓名、职务、饮食禁忌、生活习惯等，以便更好地为重要旅客提供个性化的服务。

（2）记住重要旅客的姓名和职务。称呼重要旅客时应冠以姓氏称呼，必要时还可以职务进行称呼，这样会使对方产生心理上的满足感。

（3）让重要旅客感受到被特殊对待。在服务工作中要让重要旅客感受到自己受到了特殊对待，民航在对重要旅客的服务上处处体现着这种优先，让其感受到不同，例如，安排座位时给重要旅客预留前排的座位，对重要旅客的行李重点保障，专用的贵宾休息室和专用的登机通道保证重要旅客便捷乘机，选拔优秀的服务人员为重要旅客服务等。

（4）注重重要旅客的个性化需求。对于重要旅客，标准化、机械化的服务很难得到他们的认可，需要时时关注他们的需求，提供针对性个性化的服务。例如：某航空公司发现他们的一位重要旅客喜欢看某份杂志，每次这位重要旅客乘机时他们都会专门为其准备一份，旅客对此十分满意。

（5）顾及其他旅客的感受。在为重要旅客提供热情服务的同时，要注意顾及周边旅客的感受，不要使他们有太强的心理落差，感觉到不公平的存在。

二、老年旅客的服务礼仪

老年旅客通常体力、精力相对不足，对事物反应缓慢，应变能力较弱，因此在运输服务中需要给予特别的照顾和帮助。

1．老年旅客的心理特征

老年旅客由于行动缓慢，对新生事物较为陌生，往往希望得到他人的帮助。特别是独自出行的老年旅客通常会有一种强烈的孤独感，甚至产生恐惧的情绪，他们从内心上特别渴望得到关心与帮助。但另一方面，老年旅客通常都有不服老的心态，他们希望能够尽量依靠自己的力量，因此又不好意思主动寻求帮助。特别是欧美国家的老年旅客，独立意识很强，他们不愿意接受他人过多的照顾，若给予他们过多的帮助，反而会让他们认为这是不尊重他们的表现。

老年旅客在乘机过程中特别关心飞机的安全问题，担心乘机过程中身体不能适应，发生突发状况。所以乘务人员应提前预习好机上急救知识以便随时处理突发情况。

2．老年旅客的服务技巧

（1）主动、热情地搀扶老年旅客上飞机，但不要强行去搀扶那些不服老或不愿让人搀扶的老年旅客。迎客时，可以和老年旅客寒暄一下，如询问老人今年高寿，赞美老人精神好、气色好等，自然而然地建立一种信任感和熟悉感。

（2）主动帮助提拿随身物品，安排座位。对于行李的安放，可以事先征询老年旅客的意见。贵重的、随时需要拿取的物品可放在老年旅客脚下，其他行李帮助放在行李架内。老年人因为记忆衰退，怕丢东西，一般不愿意把行李放置在离自己较远的地方，偏向于自己能看得到的地方。如有携带手杖（拐杖）长柄伞的老人，应按照客舱安全规范为其放置。

（3）主动介绍客舱服务设备，特别是安全带、呼唤铃、阅读灯、座椅、耳机、（多扶手的）盥洗室的位置和使用方法。主动了解老年旅客的健康状况，如携带急救药则需要知道存放的位置。

（4）和老年旅客交谈时，由于他们的视听功能退化，所以谈话时要凑近老年旅客的耳朵，声音适当提高、语速要缓慢、语言要简练柔和。给老年旅客介绍物品和设备的名称时，可以距离近些，必要时让老年旅客操作一遍。

（5）由于老年旅客消化功能减弱且较为敏感，咀嚼能力也因为牙齿松动和脱落而受到一定的影响，乘务员应主动介绍餐食品种，尽量提供细、软、松且宜偏热的食物和饮品。

（6）经常观察老年旅客对温度的反应，主动询问。如果老年旅客体感偏冷，及时给予毛毯。对于始发站和到达站温差较大的航线飞行中，乘务员应主动提醒老年旅客对于衣物的增减，降低感冒和身体不适的概率。

（7）在飞行闲暇时段内，可以和老年旅客聊天、拉家常，以减少老人寂寞、紧张的情绪，但不要主动询问老人的家事。乘务员还可以热情介绍本架飞机机型的名称、座位数、飞行时间、距离以及沿途的风景名胜等。

（8）下降前，告知老年旅客到达的时间，以便留有充裕的时间给老年旅客使用盥洗室。根据到达站的温度，为老年旅客增减衣服，并帮助整理好行李。

（9）下机时，主动帮助老年旅客提拿行李，并确认行李的数量，搀扶老年旅客下机。遇有台阶应事先告知老年旅客注意。送别时，应该给予祝福（身体健康、健康长寿等）。

【知识链接】

老年旅客乘机事宜

（1）70 岁以上老人独自乘机，且身体状况不佳或生病时，可提前去医院做个检查，并向医生询问是否可以乘机，同时让医生出具证明。订票时向航空公司详细问清楚相应的程序与规定，以方便乘机。如需要轮椅或对餐饮等有特殊要求，可在购票时提前声明，并办理相应的特殊旅客乘机手续，以便航空公司提前做好准备。

（2）第一次乘机，对乘机程序、环境不了解，或者行动不便的老人独自乘机，建议办理“无人陪伴”服务，会有专门的服务人员陪护、引导、帮助。登机时，由服务人员优先送上飞机，与乘务员办好交接手续，乘务员会精心照料。飞机到达目的地后，乘务员会护送老人下飞机，与地面服务员交接，并由地面服务员护送出机场或转机。一般机场和航空公司都有这项免费服务。

(3) 航空医学专家建议如果老人长时间乘飞机的话，可在登机前服用 1 片 25 毫克的阿司匹林，以防血液黏稠。同时在飞机上要多喝水，以稀释血液，但不要喝酒精类饮料，以免脱水。

三、孕妇旅客的服务礼仪

怀孕不足 32 周的孕妇乘机，除医生诊断不适宜乘机者外，可按照一般旅客运输（此类旅客运输不受限制）。怀孕 32 周（含）以上，36 周（含）以下的健康孕妇，如有特殊情况需要乘机，乘机时必须持有效的医疗证明，且应在乘机前 72 小时内交验由县、市级或者相当于这一级（如国家二等甲级）以上医疗单位盖章和医生签字的“诊断证明书”。“诊断证明书”一式三份，且注明在××日前适宜乘机有效，内容包括旅客姓名、年龄、怀孕时期、预产期、航程和日期、适应于乘机以及在机上需要提供特殊照料的事项，经航空公司同意后方可购票乘机(此类旅客运输受限制)。怀孕 36 周以上的孕妇、预产期临近但无法确定准确日期，已知为多胎分娩或者预计有分娩并发症者和顺产后不足 7 天者，难产以及早产经医生诊断不宜乘机者，航空公司一般不予承运。

1．孕妇旅客的心理特征

孕妇旅客通常动作比较缓慢，身体较为笨重，他们关注自身的身体情况，担心身体出现问题，同时他们也希望得到服务人员的关注，能够得到照顾。有些孕妇旅客因为孕期的不适，情绪容易受到影响，会较为挑剔，容易发怒。

2．孕妇旅客的服务技巧

（1）乘务长和地面人员做好“特殊旅客交接单”的交接工作，确认孕妇身体状况，并指派一名乘务员帮助提拿孕妇的随身行李，引导入座并帮助安放行李。

（2）起飞和下降前在孕妇小腹部垫上毛毯，将安全带系于大腿根部。

（3）经常了解孕妇的情况，随时给予照顾。

（4）主动询问是否需要毛毯。

（5）下机前帮助提拿随身物品送到机舱门口，乘务长需向到达站地面人员做好交接工作，完成交接手续。

（6）如遇孕妇空中分娩，应及时报告机长。客舱乘务员将孕妇安排在与客舱隔离的适当位置，并在旅客中寻找医务人员或有经验的女性旅客，请求其协助。

四、无人陪伴儿童旅客的服务礼仪

在节假日及寒暑假期间，民航都会接待大量儿童旅客，其中还有一些无人陪伴儿童。无人陪伴儿童指的是年龄范围在5~12周岁，无成人陪同独自乘机的儿童。

1．无人陪伴儿童旅客的心理特征

儿童旅客大多活泼好动，好奇心强，外出旅行更是充满新鲜感，易被新奇事物吸引。同时儿童旅客由于年纪尚小，判断力较弱，安全意识不足。无人陪伴儿童因独自出行难免会有紧张、孤独的情绪，有些无人陪伴儿童的自我意识较强，呈现出小大人的心理特点，不愿被当作孩子看待。

2．儿童旅客的服务技巧

（1）与儿童旅客交谈时，应采用蹲或半蹲的姿态，增加亲切感，以取得儿童旅客的信任。

（2）对儿童旅客不要采用过于亲昵的动作，如亲吻、抚摸头部等，以免引起儿童及其同行人员的反感。

（3）若儿童旅客调皮好动，影响到其他旅客或设备的使用，应耐心劝说，使用恰当亲和的语言，切不可使用训斥吓唬的话语。

（4）为儿童旅客提供餐饮时，注意温度，不可过烫，饮料以半杯为宜，如果有同行人员，则将饮料食品递送给其同行人员。

（5）特别注意儿童旅客的安全问题，适时对儿童旅客及其同行人员进行必要提醒。

（6）对于无人陪伴儿童，应有专人负责照看，了解他们的身体和心理情况，及时提供帮助和安抚。

五、怀抱婴儿旅客的服务礼仪

1．怀抱婴儿旅客的心理特征

怀抱婴儿的旅客既要照顾婴儿，又要看管随身物品、办理手续，还容易出现各种突发状况，因此他们希望遇到困难时能够及时获得帮助。这类旅客最关注的是婴儿的状况，担心他们的饮食、身体情况不能适应。相对于自身的需求，他们更希望服务人员能帮助其首先满足婴儿的需求。

2．怀抱婴儿旅客的服务技巧

（1）服务人员应主动询问怀抱婴儿的旅客是否需要帮忙，并时刻关注他们的情况，主动提供必要的帮助。

（2）多数的旅客希望孩子得到关注与赞美，但也有些外国旅客不愿意他人过分亲近自己的孩子，服务人员在这方面要把握好度。

（3）怀抱婴儿的旅客随身携带物品通常较多并且需要经常取出使用，各服务环节应特别注意提醒怀抱婴儿的旅客带齐物品，必要时要帮助其整理物品。乘务员应主动帮助怀抱婴儿的旅客放置行李物品，下机时帮助其取出。

（4）服务人员如需触碰婴儿，一定要保证手部是干净的。如需要帮助旅客抱婴儿时，应采取正确的姿势，动作要轻缓。

六、病残旅客的服务礼仪

1．病残旅客的心理特征

病残旅客由于身体上的缺陷往往会产生自卑感，他们不愿意被他人另眼相待。同时，病残旅客有较强的自尊心和独立意识，他们比普通旅客更希望能够自己完成力所能及的事情。

2．病残旅客的服务技巧

（1）在帮助病残旅客时，要充分考虑到对方的意愿，顾及对方的自尊心。

（2）在与病残旅客交流时，要特别注意语言禁忌，如无必要，不随意谈及旅客的病残情况。

（3）主动帮助病残旅客完成其无法完成的事情，如提拿、放置行李。对于一些其力所能及的事情无须过多帮助。

（4）时刻关注病残旅客的情况，发现问题主动及时提供帮助。

（5）与轮椅旅客交流时，工作人员应采用蹲或半蹲的姿态，表示对他们的尊重。

（6）需要搀扶旅客时，要采用正确的姿势，让旅客舒适方便。

七、盲人旅客的服务礼仪

为盲人旅客服务时服务人员主动做自我介绍，沟通中不用“看”等字眼，征得旅客同意方可搀扶。在上下飞机和行走时，让盲人旅客拉着乘务员的手，不断提醒前后左右等方向（使用“钟点”方式）。就座后，帮助安放手提物品（尽量放在盲人旅客可以触摸到的地方），帮助系好安全带并讲解解开的方法。向盲人旅客介绍紧急设备的方向、位置及使用方法，触摸各种服务设备、洗手间的位置，并教会其使用方法。

飞行中，供应餐食和饮料时，可将餐盘比作时钟，把餐盘内的各种食物（热、冷食、饮料、水果等）的位置告诉盲人。提醒盲人旅客热烫食物的位置，避免盲人旅客烫伤。给盲人旅客递送物品时必须确认其接拿稳妥后再放手。在旅客需要时，乘务员应协助其上洗手间，同时介绍洗手间内设备的使用方法。

下机时，了解到达站是否有人来接，主动送下飞机，交代地面人员给予照顾。

【学习评价】

序号	评价标准	分值	自评分	小组评分	教师评分
1	掌握重要旅客的服务礼仪	20 分			
2	掌握老人旅客的服务礼仪	20 分			
3	掌握孕妇旅客的服务礼仪	20 分			
4	掌握病残旅客的服务礼仪	20 分			
5	掌握其他特殊旅客的服务礼仪	20 分			
合计		100 分			

【技能拓展训练】

某航班上有两位无人陪伴儿童，工作人员带领他们过安检，在候机楼等待登机，随后将其送上飞机，与乘务员交谈。在飞行过程中，其中一位儿童坐在座位上因想念家人默默流泪，另一位儿童解开安全带，蹲在地上玩他的玩具小车。

5 个同学为一组，根据以上服务场景，进行特殊旅客服务礼仪的训练。

项目六　民航服务外事礼仪

【知识目标】

1. 熟悉民航外事礼仪原则；
2. 熟悉外事礼仪中的礼宾次序；
3. 了解不同国家的礼仪风俗。

【能力目标】

1. 掌握与外宾交流的技巧；
2. 能够在外事活动中正确悬挂国旗；
3. 能够熟练运用礼仪风俗知识服务不同国家的旅客。

【开篇案例】

小贺迎宾

一个秋高气爽的日子，迎宾员小贺着一身剪裁得体的新制服，第一次独立地走上了迎宾员的岗位。一辆白色高级轿车向饭店驶来，停靠在饭店豪华大转门的雨棚下。小贺看到后排坐着两位男士、前排副驾驶座上坐着一位身材较高的外国女宾。小贺上前一步，以优雅的姿态和职业性动作，先为后排客人打开车门，做好护顶、关好车门后，小贺迅速走向前门，准备以同样的礼仪迎接那位女宾下车，但那位女宾满脸不悦，使小贺不知所措。通常后排座为上座，凡有身份者皆在此就座，小贺先为他们打开车门，有什么不对吗？

案例中小贺的做法违背了国际第一礼俗："女士优先"原则。

和文化背景、风俗习惯、社会制度与我国大有差别的外国人交朋友，一条行之有效的原则，就是在与对方进行交往和沟通时，遵循国际社会中约定俗成的交际惯例。在与国际友人的交往中，要热情有度：对待对方既要热情友好，又要把握好具体分寸；要尊重对方的国家、地区、民族习惯；要尊重他人隐私，自觉回避对方个人隐私；要讲信用、信守承诺，不随便许愿，避免失信于人；要做到“女士优先”，尊重妇女，关心妇女，照顾妇女，保护妇女，并且时时处处努力为妇女排忧解难。

【任务导入】

5个同学为一组，观看外事迎送视频后，以小组为单位对外事迎送礼仪规范进行讨论，并模拟不同国家外事人员来访时的场景。

【知识准备】

民航不仅是世界各国人民交往的一个通道，而且是国际文化交流的重要工具。民航是关系到国家形象的窗口，许多外国友人首先是通过接触民航人、感受中国民航的服务来认识中国和中国文化的。

一、民航外事礼仪原则

1. 维护国家形象

参与涉外活动时，每一位民航员工都必须特别关注自身形象维护的问题。这是因为每一位民航员工的个人形象，一言一行，都代表着中华民族与中华人民共和国的形象。若是对自我形象毫不修饰，服务礼仪不到位，不但有失对客人的尊重，而且亦属于失礼行为，严重的会损害国家形象。

在涉外活动维护形象的过程中，民航服务人员首先要从维护好自身形象着手，务必注意修饰仪表，举止检点，使自己形象上乘、仪表堂堂、落落大方，不可蓬头垢面、不修边幅。其次，恪尽职守、训练有素，与外国人交往应酬时，民航人员应得体地表现出自己良好的业务素养与高尚的职业道德。最后，民航人员有责任、有义务自觉地在涉外交往中维护我国政府的形象，行动上与政府始终保持一致。

2. 坚持不卑不亢

在与外宾交往的过程中，一言一行都事关国格、人格，因此不卑不亢是非常重要的原则。

民航服务人员在涉外交往中，应当有意识地表现得从容不迫、堂堂正正，既充满自信、讲究自尊，又善待他人、尊重对方。

所谓不卑不亢，实际上就是要注意表现自然、待人真诚，既不卑躬屈膝，也不狂妄自大、嚣张放肆。民航人员只有在涉外交往中表现得不卑不亢，才有可能使我方的国格、人格真正得以维护。

具体而言，民航人员在涉外交往中需要做到不卑不亢，应主要表现为尊重自己、尊重他人。

（1）尊重自己。在涉外交往中，民航人员首先要以实际行动来尊重自己。即应以自尊、自爱、自信为基础，在外国人面前表现得豁达开朗、乐观坦诚、从容不迫、落落大方，理直气壮、气宇轩昂。既要谨慎，但又不拘谨；既要主动，但又不盲动；既要自我约束，但又不手足无措、畏首畏尾。在任何情况下，都要坚持自立、自强。

（2）尊重他人。民航人员在涉外交往中坚持自尊的同时，必须注意尊重他人，在涉外交往中，尊重外国友人主要应当表现为以礼待人、平等待人、友善待人，尊重对方的风俗习惯，虚心学习对方的一切长处。要反对傲慢自大、盛气凌人、自以为是、目空一切、唯我独尊。

3．求同存异

求同存异是指在外事交往中，为减少麻烦、避免误会，既要对交往对象所在国的礼仪、习俗有所了解，予以尊重，更要对国际上通行的礼仪惯例认真遵守。

求同就是遵守惯例，重视礼仪的“共性”，取得共识、便于沟通、避免周折；存异就是注意“个性”，了解具体交往对象的礼仪、习俗、禁忌，并予以尊重。东西方文化差异很大，这种文化差异对东西方人的思想、观念、行为习惯等产生了较大的影响。西方文化主要指英国、美国、加拿大以及大洋洲的澳大利亚、新西兰等国家的文化，虽然这些国家在风俗习惯上略有不同，但由于人们的价值观念、行为习惯、风俗礼仪、意识形态等大致相同，从而具备许多一脉相承的文化背景。

（1）家族为本与个人为本。中国人一向有很强的家族观念，很多人际关系都是家族关系或是这种关系的延伸。在西方社会，个人本位的观念占据主导地位，认为每个人都是独立的，个人的权利任何人不得侵犯。

（2）重视身份与追求平等。西方社会的阶级、阶层的对立差别是客观存在的，不同身份的人有不同的社交圈子，但在日常交际生活中每个人都重视自己的尊严，不喜欢打听别人的身份，他们往往追求平等，一些带有浓重等级色彩的礼仪形式就越来越不受欢迎了。

（3）谦卑含蓄与情感外露。中国人历来视谦虚为美德，“满招损，谦受益”被视为千古不变的规训。因此，在交际生活中，中国人很少夸夸其谈，同时，还很善于控制自己的情感，不轻易外露。中国人在交际中自贬的东方式谦虚，西方人往往难以理解，甚至产生不必要的误会。同时，西方人大多性格豪爽、感情热烈，拥抱礼、亲吻礼这些礼仪形式，都淋漓尽致地表现了西方各民族的性格特征和文化心理。

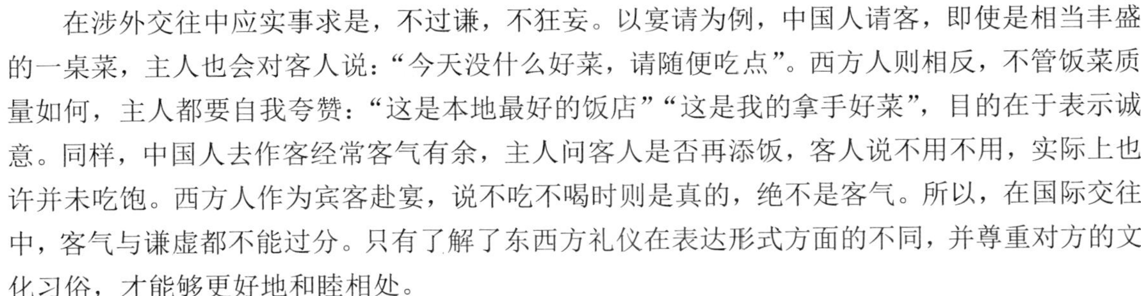

在涉外交往中应实事求是，不过谦，不狂妄。以宴请为例，中国人请客，即使是相当丰盛的一桌菜，主人也会对客人说：“今天没什么好菜，请随便吃点”。西方人则相反，不管饭菜质量如何，主人都要自我夸赞：“这是本地最好的饭店”“这是我的拿手好菜”，目的在于表示诚意。同样，中国人去作客经常客气有余，主人问客人是否再添饭，客人说不用不用，实际上也许并未吃饱。西方人作为宾客赴宴，说不吃不喝时则是真的，绝不是客气。所以，在国际交往中，客气与谦虚都不能过分。只有了解了东西方礼仪在表达形式方面的不同，并尊重对方的文化习俗，才能够更好地和睦相处。

4．入乡随俗

民航员工无论出国或在国内接触外宾，必须充分了解服务对象的风俗习惯和礼节，无条件地加以尊重，不可少见多怪、妄加非议。“入乡随俗”是涉外礼仪的基本原则之一，它的含义是在涉外交往中，要真正做到尊重交往对象，首先就必须尊重对方国家或地区所独有的风俗习惯。

由于不同国家的社会制度差异，文化习俗有别，思维方式与理解角度也往往差别较大，形成各自不同的语言文化、风俗和习惯，这是客观存在的。如果在涉外交往中注意尊重外国友人所特有的习俗，则容易增进中外双方的理解和沟通，有助于更好地、恰如其分地向外国友人表达我方的亲善友好之意。

5．信守约定

在国际社会里，人们十分重视交往对象的信誉，讲究“言必信，行必果”。信守约定，就是与此相关的一条重要的国际惯例。它的含义如下：人们在国际交往中，必须严肃而认真地遵守自己的所有正式承诺，说话必须算数，许诺必须兑现，约会必须如约而至。在一切与时间有关的约定中，必须一丝不苟。唯有如此，方能取信于人。信守约定，对民航人员而言，需要从以下三方面执行，严格要求自己：

（1）慎重许诺。在涉外交往中，民航人员对外方人士所作出的所有正式承诺必须量力而行、谨慎许诺，切勿信口开河、草率许诺。

（2）严守约定。在国际社会中，信用就是形象，信用就是生命。民航人员在涉外交往中一定要努力恪守约定、兑现承诺、如约而行。

（3）失约有因。如果由于难以抗拒的因素，导致自己单方面失约，或是有约难行，需要尽早向有关各方进行通报，如实解释，并且要郑重其事地向对方致以歉意，主动地承担按照规定和惯例而给对方造成的某些物质方面的损失。

6．热情有度

直接同外国友人进行交际应酬时，务必要做到热情有度，即对待对方既要表现得热情友好，又要具体把握好具体分寸。切勿使自己的热情友好超出了对方所能接受的界限，进而使对方感到不快，甚至为对方平添了麻烦。

把握好热情有度中的“度”，具体体现在下列四个方面：

（1）关心有度。外国人大多崇尚个性独立、以我为尊、绝对自由。因此，外国人一般都不希望外人对其过于关心，否则便会视之为碍手碍脚、多管闲事。

外国人所注重的关心有度之中的“度”，实际上就是其个人自由。一旦对对方的关心有碍其个人自由，即被视为“过度”之举。

（2）批评有度。各国习俗不同，对同一事物的判断便会大相径庭，所以在涉外活动中没有必要对外国友人的所作所为妄加评判，并当面指出其对错。只要对方的所作所为不危及人身安全，不触犯法律，不有悖伦理道德，不有辱我方的国格、人格，一般均可听其自便。批评有度，简单地讲，就是不提倡对外国友人“犯颜直谏”。

（3）交往有度。由其强调个人自由所决定，外国人大多认为“君子之交淡如水”，不惯于与交往对象走动过勤、过多。在涉及钱财时，尤其讲究划清界限，即便家人、至交也不例外。这便是其所谓交往有度之中的“度”。

（4）举止有度。在涉外交往中，不要随便采用某些意在显示热情的动作，应与外国友人保持适当的身体距离。

7. 尊重隐私

所谓尊重隐私，主要是提倡在国际交往中主动尊重每一位交往对象的个人隐私，不询问其个人隐私，不打探其不愿公开的私人事宜。目前，在国际社会中，尊重隐私与否，已被公认为一个人在待人接物方面有无个人教养的基本标志。在涉外交往中，尊重隐私实际上具体表现为人们在交谈中的“八不问”：

（1）不问收入支出。收入与支出问题，实际上与个人的能力相关，并事关个人尊严。交谈时一旦涉及此点，便让交谈之人没有平等与尊严可言。

（2）不问年龄大小。在国际社会中，人们普遍将本人的年龄视为“核心机密”，并且讳言年老。

（3）不问恋爱婚姻。谈论婚恋问题，在国外不仅被认为无聊，而且还有可能被视为有意令人难堪，或是对交谈对象进行“性骚扰”。

（4）不问身体健康。每个人的身体状况与健康状况，均为其立足于社会的重要“资本”，所以轻易不会将其实情告之于人。

（5）不问家庭住址。家庭被外国人看作私人领地，所以绝不对外公开。私宅电话的号码，也不会对外界公开。

（6）不问个人经历。外国人主张“英雄莫问出处”，反之则往往会被看作居心不良或缺少教养。

（7）不问信仰政见。在国际社会中，国与国、人与人之间都提倡“超意识形态合作”，所以对交往对象的信仰政见不应冒昧地打探。

（8）不问所忙何事。“所忙何事”，在外国人心中绝对属于个人自由。向其询问此点，肯定会被视为“没话找话”。

8．社交女士优先

女士优先，是国际社会尤其是西方国家中所通行的交际惯例之一。它是指在一切社交场合中，每一名有教养的成年男子都要积极主动地用实际行动去表示自己对妇女的尊敬之意，并应想方设法在具体行动上为妇女排忧解难。在社交场合遵从女士第一的原则，可以突显男子气质与绅士风度。

在社交场合，“女士优先”主要应在下列方面得以表现：

（1）尊重女性。与女性交谈时，一律要使用尊称。涉及具体内容时，谈话不应令在场的女性难堪。排定礼仪序列时，应将女性列在男性之前。在社交聚会场合，男士看到女士进门，应起身以示礼貌；当客人见到男女主人时，应先与女主人打招呼。

（2）照顾女性。在一切社交活动中，男性均应细心地照顾女性：就座时，应请其选择上座；用餐时，应优先考虑其口味。乘坐计程车或其他轿车时，应让女士先上车；下车一般是男士先下，然后照顾女士下车。就餐时，进入餐厅入座的顺序是，侍者引道，女士随后，男士“压阵”。一旦坐下，女士就不必再起身与他人打招呼，而男士则需起身与他人打招呼。点菜时，应先把菜单递给女士。

（3）关心女性。外出之际，男士要替女士携带重物。出入房间时，男士要为女士开门、关门。在女士面前，任何时候都不允许男士吸烟。

（4）保护女性。在一切艰难、危险的条件下，男士均应竭尽其全力保护女性。通过危险路段时，男子应走在前列。在公路上行走时，男子则应行走于外侧。不能并行时，男士应让女士先行一步。任何危险之事，男士均应主动承担。在开门、下车、上楼、进入无人领路的场所、遇到障碍和危险时，男士应走在女士前面。

作为女性，对于他人的礼让和关心，不必忸怩作态，过分腼腆与羞怯，可以自然大方并且愉快地接受。同时，还应微笑地对他人的尊重表示感谢，不可表现出理所当然、受之无愧的样子。

9．爱护环境

爱护环境是世界各国人民的共同义务和责任。在日常生活里，每个人都有义务对人类所赖以生存的环境，自觉地加以爱惜和爱护。具体而言，中国人在涉外交往中特别需要注意以下方面：不可损毁自然环境；不可虐待动物；不可损坏公物；不可随地吐痰；不可随意吸烟；不可任意制造噪声；不可挥霍能源。

二、礼宾次序

国际交际中的礼宾次序非常重要，在礼宾次序安排时，既要做到大体上平等，又要考虑到国家关系，以及活动的性质、内容、参加活动成员的威望、资历、年龄，甚至其所从事的专业、当地风俗等。一般按以下三种方式排列：

第一种，按身份与职务高低排列。

第二种，按字母顺序排列（中国按姓氏笔画排列）。

第三种，按抵达活动地点的时间排列。

礼宾次序不是教条，不能生搬硬套，要灵活运用、见机行事。有时由于时间紧迫，无法从容安排，那么必须照顾到主要人员。

【学习评价】

序号	评价标准	分值	自评分	小组评分	教师评分
1	掌握外事服务礼仪原则	50 分			
2	能够正确安排礼宾次序	50 分			
合计		100 分			

【技能拓展训练】

在网上搜集有关外事迎送的视频和图片资料，深入了解外事迎送相关礼仪，整理好资料后全班分组进行讨论。

参考文献

[1] 盛美兰．民航服务礼仪[M]．北京：中国民航出版社，2013．
[2] 马晓虹．民族服务礼仪实务[M]．北京：国防工业出版社，2016．
[3] 宋文静，马春婷．民航服务礼仪[M]．北京：电子工业出版社，2019．
[4] 金正昆．服务礼仪教程[M]．北京：中国人民大学出版社，2010．
[5] 孙岚．民航客舱服务案例精选[M]．北京：化学工业出版社，2015．
[6] 韩瑛．民航客舱服务与管理[M]．北京：化学工业出版社，2012．
[7] 何梅．民航客舱服务实务[M]．北京：国防工业出版社，2017．
[8] 洪涛，杨静．空乘人员仪态与服务礼仪训练[M]．北京：旅游教育出版社，2011．
[9] 侯苏容．民航服务礼仪实训[M]．2 版．北京：中国人民大学出版社，2019．